国家改革发展示范校重点建设：
中等职业教育财经类改革创

电子商务

支付与安全

◇ 沈立君 主编 ◇

◇ 覃其兴 副主编 ◇

◇ 宁艳珍 李江鹏 陈昱 王鹏 赵欣 裴星星 参编 ◇

人民邮电出版社

北 京

图书在版编目（CIP）数据

电子商务支付与安全 / 沈立君主编. -- 北京：人
民邮电出版社，2013.10（2024.1重印）
中等职业教育财经类改革创新示范教材
ISBN 978-7-115-32782-6

Ⅰ．①电… Ⅱ．①沈… Ⅲ．①电子商务－支付方式－
安全技术－中等专业学校－教材 Ⅳ．①F713.36

中国版本图书馆CIP数据核字(2013)第176413号

内 容 提 要

　　本书是依据国家示范性职业学校数字化资源共建共享计划《电子商务支付与安全》课题配套出版的教材，是电子商务专业的核心教材。本书从实际工作岗位的技能要求出发、提炼能力目标、培养学生的电子商务支付能力，介绍了电子商务支付的基本工作流程、网上银行支付、第三方支付、移动支付、自助银行支付、网上金融等不同电子商务支付系统的基础知识。在内容设计上以"电子商务支付方式的工作流程——支付过程中产生的安全问题——支付安全技术保障——支付的实训操作"为思路，着重体现各种支付方式的具体应用。

　　本书主要面向中等职业学校、技工学校、职业高中等学校电子商务专业的学生，也可为广大电子商务爱好者了解并掌握电子支付基本知识，以便更好地应用网络开展电子商务提供参考。

◆ 主　　编　沈立君

　　副 主 编　覃其兴

　　责任编辑　刘　琦

　　执行编辑　喻文丹

　　责任印制　焦志炜

◆ 人民邮电出版社出版发行　　北京市丰台区成寿寺路 11 号

　　邮编　100164　电子邮件　315@ptpress.com.cn

　　网址　http://www.ptpress.com.cn

　　北京科印技术咨询服务有限公司数码印刷分部印刷

◆ 开本：787×1092　1/16

　　印张：12.25　　　　　　　　2013 年 10 月第 1 版

　　字数：311 千字　　　　　　　2024 年 1 月北京第 13 次印刷

定价：26.00 元

读者服务热线：(010)81055256　印装质量热线：(010)81055316
反盗版热线：(010)81055315
广告经营许可证：京东市监广登字20170147号

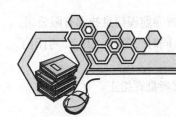

近年来，在经济全球化发展的进程中，计算机网络和通信技术迅猛发展，商务处理的方式发生了重大变化。电子商务成为商业贸易领域中一种先进的交易方式，而电子商务中最主要的内容电子商务支付也以日新月异的高科技手段挑战传统的支付方式。因此，了解电子商务支付的基础知识和重要知识点，将其更好地应用到生活、工作和业务中，是很多"现代人"必须掌握的知识和技能。

《电子商务支付与安全》课程是国家示范性职业学校数字化资源共建共享计划《电子商务精品课程资源建设》课题中的一项子课题，由广西银行学校作为副组长单位负责《电子商务支付与安全》精品课程建设任务。本书就是依据该课程配套出版的教材，是电子商务专业的核心教材，主要面向中等职业学校、技工学校、职业高中等学校的电子商务专业的学生。

1. 本书内容

本书从实际工作岗位的技能要求出发，提炼能力目标，以培养学生的电子商务支付能力为目标，是按照项目化、模块化的要求编写的。全书分为 7 个独立的项目，分别介绍了电子商务支付的基本工作流程、网上银行支付、第三方支付、移动支付、电话支付、自助银行支付、网上金融等不同电子商务支付系统的基础知识。在内容设计上以"电子商务支付方式的工作流程——支付过程中产生的安全问题——支付安全技术保障——支付的实训操作"为思路，着重体现各种支付方式的具体应用。

2. 本书特点

（1）应用性

本书每个项目下的任务内容都包含知识点、项目实训和案例分析三大部分，重点陈述各种支付方式的工作流程。任务的安排与内容的结构都显示出条理清晰、层次清楚的特点。教学内容力求精练、易懂；项目实训力求贴近生活、可操作，以使学生初步具备网络应用的能力，毕业后能直接从事一线的商务运营管理、网络支付与网络安全的管理和策划工作。

（2）创新性

依据中职教育的培养目标和人才培养模式的基本特征，围绕适应社会需要和职业岗位的要求，坚持以提高学生整体素质为基础，以学生技能培养为主线，突出对学生创新能力和实践能力的培养。

（3）整体性

本书强调教材知识和职业技能的整体性，同时注意理论教学和实训项目的衔接，有效地防止了教学内容和实践的脱节，并注意避免教学内容无谓地重复。

本书采用校企合作的形式编写，由广西银行学校沈立君任主编，负责制定编写框架和审稿工作，并具体编写第 5 章。覃其兴任副主编，负责统稿工作，并具体编写第 3 章、第 4 章和第 7 章。宁艳珍编写第 1 章，裴星星、赵欣编写第 2 章，王鹏、李江鹏编写第 6 章，参与编写的人员还有陈昱。参与技术支持的有北京天行健君国际教育科技有限公司和北京博导前程信息技术有限公司。

本书在编写的过程中，得到了广大行业企业专家的指点和帮助；同时，参阅、借鉴、引用了大量的相关论著和资料，在此谨向有关作者表示诚挚的谢意。

由于编者水平和经验有限，书中难免有欠妥和错误之处，恳请读者批评指正。

编　者
2013 年 7 月

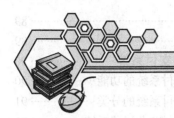

目 录

项目一

电子商务支付的基本工作流程

随着电子商务的蓬勃发展，传统的支付结算方式在电子商务交易中暴露出运作速度与处理效率比较低等许多缺陷，不能满足电子商务支付的结算需要，于是与电子商务相匹配的电子商务支付系统应运而生。电子商务支付是电子商务活动中支付款项的重要手段，代表了现代支付方式的发展方向。在电子商务系统中，电子商务支付系统是一个重要的组成部分。本项目主要从支付的概念出发，详细讲述了电子商务支付与电子商务支付系统的概念、电子商务支付的类型和基本工作流程，以及电子商务安全问题和技术保障。

📖 知识目标

1. 掌握支付的基本概念及支付过程
2. 理解电子商务支付的概念
3. 认识电子商务支付的发展及类型
4. 掌握电子支付的基本流程
5. 了解电子商务支付系统的基本构成和功能
6. 掌握各项基本构成在电子商务支付系统中的作用
7. 了解当前电子商务支付面临的安全问题和威胁
8. 掌握电子商务支付安全的标准
9. 了解保障电子商务支付安全的多种技术

📖 学习要点

1. 支付的基本概念及支付过程
2. 电子商务支付的概念
3. 电子商务支付面临的安全问题、安全威胁
4. 电子商务支付安全的标准

📖 **学习难点**

1. 电子商务支付系统的基本构成
2. 电子商务支付的基本流程

任务一　电子商务支付

一、支付的概念

1. 支付的基本概念

支付是伴随社会经济活动的发展而形成的债权债务关系清偿及货币资金转移偿付行为，它是现代市场经济和金融活动的基本行为之一。

支付有两层含义，即一种是指支付行为，支付了某种物品；另一种是指补偿和回报。

（1）支付是付款人向收款人转移货币，清偿债务的行为，不仅包括现金支付，还包括转账支付。

（2）对于接受支付的接收方而言，支付也是一种行为，这是支付与偿付的区别。

2. 支付分类

根据银行业务可以把支付分为两大类：借记支付、贷记支付。

借记支付是收款方发起的支付过程，贷记支付是付款方发起的支付过程。借记支付可以理解为被动支付，贷记支付可以理解为主动支付。

借记卡、贷记卡两种卡片本身并没有差别，差别在于其对应的账户的支付操作方式。借记卡指其卡号所对应的账户的支付操作方式是减少账户存款（或者称为减少借方）；而贷记卡指其对应的账户的支付操作方式是增加账户支出（或者称为增加贷方）。而银行卡支付，无论是借记卡，还是贷记卡，都是贷记支付，属于主动支付，是持卡人发起支付指令。客户使用网上银行支付，也都是贷记支付。

常见的借记支付有支票、电话费自动代扣、水电或燃气费用的代扣等。其属于被动支付，是银行发起支付指令，持卡人被动地完成了支付。

3. 支付工具

支付工具是传达债权债务人支付指令，实现债权债务清偿和货币资金转移的载体。收、付款人的支付指令通过支付工具传达至其开立资金账户的金融机构，开户金融机构将按照支付指令的要求办理资金转账。支付工具按照发展时间来看，可以分为传统支付工具和电子支付工具。支付工具的选择取决于多种因素，其中比较重要的包括交易金额、交易习惯、交易风险、交易价格等。目前，经济的发展使电子支付工具成为实现货币债权转移日益重要的手段，支付工具的流动性和便利性很大程度上影响着货币流通速度。另外，一些信用支付工具并不仅仅是货币转移媒介，而且还是货币市场中非常重要的金融产品，它们在货币市场发挥着优化资金配置、加强流动性管理和畅通货币政策传导等重要作用。

4. 支付系统

支付系统是指金融业为了解决经济行为人之间的商品交换和劳务关系所引起的债权债务的

清算和结算所提供的一系列金融服务。支付系统由经济行为人、商业银行和中央银行共同构成，它们各自担当不同的角色。经济行为人之间由于交易而产生支付义务，这种支付义务必须依靠中央银行为其提供银行间的清算服务，所以中央银行是清算的终结机构。

支付体系通常由两个层次构成：底层由客户和银行等金融机构的支付与结算活动组成；高层由面向往来银行和金融机构、中央银行与商业银行之间的支付与清算活动构成。这两个层次将金融交易中的双方与银行等金融机构紧密联系起来，共同构成一个复杂的支付体系。自从纸币和票据出现以来，这两个层次的资金支付活动就一直存在，但是由于纸质票据的缓慢流通速度和繁重的数据处理工作严重阻碍了资金流通，没有形成现代意义的支付体系。银行卡的出现、计算机技术的发展、各种电子资金转账（Electronic Funds Transfer，EFT）的建立和推广，促使纸币发展为电子货币，通过资金流和信息流这两种电子信号流将资金支付活动的双方有机地联系起来，形成了各种电子商务支付系统。

二、支付过程

支付过程包括交易、清算和结算 3 个过程。

1. 交易

交易过程确保支付指令的生成、确认和传输，主要包括以下步骤。
（1）确认各当事人的身份。
（2）确认支付工具。
（3）查证支付能力。
（4）付款人和收款人金融机构对资金转账的授权。
（5）付款人金融机构向收款人金融机构通报信息。
（6）交易处理。
上述步骤因为支付工具的不同会采用不同的程序，以便优化支付流程。

2. 清算

清算主要指伴随着各种结算业务发生的，发生在两家以上银行同业之间的进行债权债务清偿的货币收付行为。

清算包括国内清算与国际清算。

清算过程是在结算之前对支付指令进行发送、核对以及在某些情况下进行确认的过程，可能包括指令轧差和最终结算头寸的建立。

清算过程的主要职能包括以下两项。
（1）在付款人金融机构和收款人金融机构之间交换支付工具或相关支付信息。
支付工具或支付信息的交换包括以下步骤：交易的撮合、交易的分拣、数据收集、数据汇总和相关数据的发送。以上过程因支付工具的不同而有所变化。
（2）计算出结算债权。
计算结算债权的过程包括以下两个步骤：计算总债权、计算待结算的净额或汇总债权。

清算过程的结果是全面处理付款人到收款人的支付交易和收、付款人金融机构的有效债权。

通常清算业务是由中央银行进行操作，或由中央银行管理下的独立于各商业银行之外的机构进行操作。

3．结算

结算是伴随着各种经济交易的发生，清偿双方或多方当事人债权债务的货币资金债务的一种经济行为。

结算包括现金结算和非现金结算两种形式。

结算过程是将清算过程产生的待结算债权债务在收、付款人金融机构之间进行相应的账簿记录、处理，完成货币资金最终转移并通知有关各方的过程。

结算过程的主要步骤如下。

（1）待结算债权的收集和完整性检查。

（2）确保结算资金的可用性。

（3）结算金融机构之间的债权。

（4）记录和向有关各方通告结算。

结算通常是指银行与客户之间的联系，结算业务通常由商业银行操作。可通过金融机构之间相互开立的代理账户进行债权结算。

4．清算与结算的区别和联系

在市场经济中，银行已成为社会资金流转的渠道和中转站，所以经济体系中的货币结算基本上就是银行结算。

清算与结算均是实现债权债务清偿的经济手段，而且二者紧密相关，在需要清算的支付活动中，只有清算完成了，结算才能最终完成；另外，清算与结算是支付过程中两个不同的处理过程，二者在支付活动的范围及参与者等方面都有明显差异。

（1）结算与清算的参与者不同。

结算是参与者可以是各种行为的当事人，具有广泛的社会性，每个人均与结算行为有着这样或那样的联系；而清算则更具专门化，参与者主要是提供结算服务的银行及清算机构。

（2）结算与清算在支付中的层次不同。

从商业银行的结算业务流程来看，除需采用相应的结算工具、结算方式以外，还需借助同业银行的协作，才能最终实现客户委办的结算业务；另外，出于自身需要，银行会与其他金融机构发生大量的业务往来，银行同业之间也会产生债权债务的清偿和资金的划转，为此，需要通过一定的清算组织和支付系统进行清算（即支付指令的发送与接收、对账与确认、收付数额的统计轧差、全额或净额的结清等一系列程序），清算只是结清银行间资金账户往来债权债务关系最终结果的一个过程。

（3）结算与清算在支付活动中的范围不同。

在有银行等金融服务机构参与的支付活动中，结算是一个必需的环节，而清算只有在涉及不同银行账户间支付时才是必需的。清算是在银行问世后才开始行使的支付中介职能，无银行介入的结算领域基本上无需清算。

三、电子商务支付

1．传统支付方式

传统支付方式主要包括现金支付、票据支付和信用卡支付等多种形式。

（1）现金支付。

现金主要是指流通中的现钞，包括纸币和硬币，由国家组织或政府授权的银行发行。

现金支付的优点：简单易用、便携、直观、使用方便和灵活。

现金支付的缺点：第一，受时间和空间限制；第二，受不同发行主体的限制；第三，不利于大宗交易；第四，存在易丢失、易被盗、易伪造等不安全因素。

适用范围：小额交易。

现金支付交易流程："一手交钱，一手交货"，如图1-1所示。

（2）票据支付。

票据是指出票人约定自己或委托付款人在见票时或在指定的日期向收款人或持票人无条件支付一定金额，并可流通转让的有价证券。根据票据法规定，票据一般分为汇票、本票和支票。

票据支付的优点：减少携带大量现金的不便与风险。

票据支付的缺点：易于伪造、容易丢失，不是一种即时结算。

票据支付的适用范围：大宗交易。

票据支付交易流程：如图1-2所示。

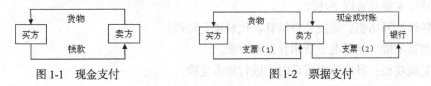

图1-1 现金支付　　　　　　　　　　图1-2 票据支付

（3）信用卡支付。

信用卡支付最早诞生于美国，随着网络通信技术和电子技术的日益发展，信用卡已经在世界各地得到广泛应用。卡面印有信用卡和持卡人的姓名、卡号、发行日期、有效日期、每笔付款限额、发卡人等信息，背面有持卡人的预留签名、磁条和发卡人的简要声明等。

信用卡支付的优点：转账结算功能、消费借贷功能、储蓄功能和汇兑功能；高效便捷，有安全保障。

信用卡支付的缺点：交易费用较高；信用卡具有一定的有效期，过期失效；有可能遗失而给持卡人带来风险和麻烦。

信用卡支付的交易流程：如图1-3所示。

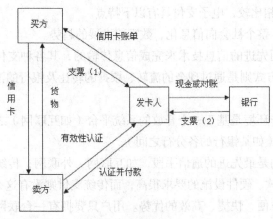

图1-3 信用卡支付

上述三种支付方式的对比：现金支付属于开放式支付，而票据和信用卡支付属于封闭式支付；开放式支付比较方便，但由于技术条件所限，传统的开放式支付具有很大的风险和不便。

2. 电子货币

电子货币是以金融电子化网络为基础，以电子数据形式存储，采用计算机技术和通信手段，通过计算机网络系统，以电子信息传递形式实现流通和支付，反映商品价值的货币。

根据电子货币的定义，电子货币具有以下特点和性质。

（1）电子货币是支付货币，可以广泛应用于各个领域，具有通用性。

（2）电子货币以电子商务支付工具作为载体，在流通过程中能对风险进行防范，保证电子货币的正常流通。

（3）电子货币是一种信息货币，以电子计算机和网络技术等为依托，具有依附性。

（4）电子货币实现了货币"流通手段"、"价值尺度"与"储藏手段"等其他职能的分离。

（5）电子货币是现实货币价值尺度和支付手段职能的虚拟化，是一种没有货币实体的货币。目前只是货币发展的一种高级形式，暂时并不能取代法定货币。

电子货币主要具有以下功能。

（1）转账结算功能：直接消费结算，代替现金转账。

（2）储蓄功能：使用电子货币存款和取款。

（3）兑现功能：异地使用货币时，进行货币兑换。

（4）消费贷款功能：先向银行贷款，提前使用货币。

电子货币是随着电子交易的发展而产生的，是比各种金属货币、纸币以及各种票据更为方便快捷的一种支付工具。随着基于纸张的经济向数字式经济的转变，货币也由纸张类型演变为数字类型。电子货币的种类包括电子现金、银行卡和电子支票等。

3. 电子支付

（1）电子支付的定义。

电子支付是进行电子商务交易的当事人（包括消费者、厂商和金融机构），使用计算机和通信技术，通过网络系统以电子数据形式进行的货币支付或资金流转。

（2）电子支付的特征。

与传统的支付方式相比较，电子支付具有以下特点。

① 电子支付适应了整个社会向信息化、数字化发展的趋势。

② 电子支付是采用先进的信息技术来完成信息传输的，其各种支付都是采用数字化的方式进行的；而传统的支付方式则是通过现金的流转、票据的转让及银行的汇兑等物理实体的流转来完成款项支付的。

③ 电子支付的工作环境是基于一个开放的系统平台（如互联网）之上，而传统支付则是在较为封闭的系统中运作（如某银行的各分行之间）。

④ 电子支付使用的是最先进的通信手段，如互联网、外联网；传统支付使用的则是传统的通信媒介。电子支付对软、硬件设施的要求很高，而传统支付则没有这么高的要求。

⑤ 电子支付具有方便、快捷、高效的优势。用户只要拥有一台联网的微机，足不出户便可在很短的时间内完成整个支付过程。电子商务支付可以完全突破时间和空间的限制，能够真正实

现全球 7 天 24 小时的服务保证。

⑥ 电子支付有助于降低交易成本，最终为消费者带来更低的价格。

任务二　电子商务流程与电子支付

一、电子商务流程

商务流程是指具体从事一个商贸交易过程中的实际操作步骤和处理过程。商品流通过程是以物流（商品的实物流动）为物质基础，信息流（商品相关信息的流动）贯穿始终，引导资金流（货币流动）正向流动的动态过程。

1. 交易前的准备

交易前的准备阶段指买卖双方和参加交易各方在签约前的准备活动，是交易各方的网上商务信息交互活动。在电子商务系统中，贸易信息的交流通常都是通过双方的网络和主页来完成的。交易前的准备过程，即信息查询交换过程一般称为支持交易前系统，这一系统是电子商务中应用最成功的一部分。

2. 交易磋商和签订合同

交易磋商和签订合同主要是指买卖双方借助网络等手段，对所有交易细节进行谈判，将双方磋商的结果以电子文件的形式确定下来，即主要或完全以电子文件形式通过网络签订贸易合同。

3. 交易合同的履行和索赔

交易合同的履行和索赔阶段是从买卖双方办完所有手续之后开始的。卖方要备货、组货，同时进行报关、保险、取证、信用等，然后将商务交付给运输公司包装、起运、发货。银行和金融机构按照合同处理双方收付款，进行支付结算，出具相应的银行单据，直到买方收到自己所购商品，完成整个交易过程。索赔是在买卖双方交易过程中出现违约时，需要进行违约处理的工作，受损方要向违约方索赔。

二、电子支付的发展及类型

1. 电子支付的发展

（1）电子支付的形成过程。

电子支付的形成经历了以下 5 个阶段。

第一阶段是银行内部电子管理系统与其他金融机构的电子系统采用安全的专用网络进行电子资金转账，即利用计算机处理银行之间的电子传输、货币汇划、办理结算等业务。

第二阶段是银行计算机与其他机构的计算机之间进行资金的结算，如代发工资，代交水费、电费、煤气费、电话费等业务。

第三阶段是通过网络终端向客户提供各项自助银行服务，如 ATM 系统。

第四阶段是利用网络技术为用户在商户消费时提供自动的扣款服务，如 POS 系统，这是现阶段电子商务支付的主要方式。

第五阶段是最新发展阶段,网上支付方式的发展,使得电子货币可以随时随地通过互联网直接转账、结算。

(2)国外网络支付发展情况。

自 1951 年全球第一张银行信用卡在美国富兰克林国际银行诞生以来,在此之后的短短几十年里,信用卡业务得到了迅速的发展,几乎遍及全球各个国家。

(3)中国电子商务支付的发展情况。

电子支付在中国的发展开始于 1998 年招商银行推出的网上银行业务。目前,中国已经建立了同城清算所系统、全国手工联行系统、全国电子联行系统、电子汇兑系统、银行卡支付系统、邮政储蓄和汇兑系统、中国国家现代化支付系统和各商业银行的网络银行系统八类电子商务支付结算系统。

电子支付分类方法有很多种,从不同的角度来看,有不同的分类方法,每一种分类方法都有它的不同特点。

2. 电子支付的类型

(1)按支付时间分类。

预支付:先付款,然后才能购买到产品或服务,即"先交钱,后交货"。预支付系统基本上是通过将电子货币保存到硬盘或一张智能卡上的方式来工作的。在电子商务中,很多基于电子现金的支付方式都属于这种方式。

即时支付:在交易发生的同时,钱也同时从银行账户中转入卖方,即"一手交钱,一手交货"。即时支付是实现"在线支付"的最初模型,绝大多数非实物的在线交易都可以实现即时支付。现在很多基于银行储蓄卡的网络支付,都属于这种即付型网络支付,客户的资金实时地通过网络划拨到商家的账户上。

后支付:允许用户购买一件商品或服务之后再付款,即"货到付款"。信用卡是一种最普遍和广为接受的后支付系统。

(2)按支付金额分类。

微支付:微支付是指那些款额特别小的电子商务交易。价值大约少于 5 美元的业务。

消费者级支付:指满足个体消费者和商业(包括企业)或政府部门在经济交往中的一般性支付需要的网络支付服务系统,也称小额零售支付系统。价值大约在 5~1000 美元的业务。

商业级支付:一般来说,银行间、银行与企业间、企业与企业间、证券公司与银行间等发生的支付金额较大,安全可靠性要求高,这些支付属于中大额支付系统处理的业务,需要的网络支付服务系统称为中大额资金转账系统。常见的商业级支付方式主要有金融电子数据交换系统、电子汇兑系统、电子支票、企业级网络银行服务等。价值大于 1000 美元的业务。中大额资金转账系统,虽然发生次数远远不如一般的消费者级网络支付,但其支付结算的金额规模占整个社会支付金额总和的 80%以上,因此是一个国家网络支付系统的主动脉。

(3)按支付手段分类。

网上银行支付:网上银行在线支付是目前我国应用最为广泛的电子支付模式。是指利用 Internet、Intranet 及相关技术处理传统的银行业务和支持电子商务网上支付的新型银行。用户首先向自己所拥有的借记卡、信用卡的发卡银行申请开通网上支付;在网上购物或消费时,通过网站提供的接口，将消费金额直接转入商家对应银行的账户；然后将确认信息通过 E-mail 或者电话的方式与商家取得联系，确认信息正确后，商家将用户购买的商品发送给用户。

第三方支付：指一些和国内外各大银行签约、并具备一定实力和信誉的第三方独立机构提供与银行支付结算系统接口的交易支持平台的网络支付模式。第三方支付系统的功能是在互联网安全的系统之上提供在线支付服务，是买卖双方交易中的"资金管家"。给交易双方提供信用担保、资金划拨、交易过程及时查询以及有效快速的银行业务服务的功能。第三方支付系统在交易双方之间建立一个安全、有效、便捷、快速的资金划拨方式，保证物流、资金流和信息流正常流动。给交易双方提供信用依托，解决网络交易的信用危机问题。同时，金融服务的创新业务，使消费者随时随地通过互联网享受银行业务服务。

移动支付：是移动运营商和金融机构共同推出的能够实现远程在线支付的移动增值业务。移动支付论坛（Mobile Payment Forum）认为，移动支付是指进行交易的双方以一定信用额度或一定金额的存款，为了某种货物或者业务，通过移动设备从移动支付服务商处兑换得到代表相同金额的数据，以移动终端为媒介将该数据转移给支付对象，从而清偿消费费用进行商业交易的支付方式。移动支付所使用的移动终端可以是手机、PDA、移动 PC、移动 POS 机等。移动支付具有方便、快捷、安全、低廉等优点。目前手机是移动支付中使用最普遍的移动设备，利用手机进行支付的支付方式通常称为手机支付。以电子钱包方式支付的各种智能储蓄卡在交通、购物、校园等领域也日益普及，成为移动支付领域的一个重要分支。

电话支付：目前一些商业银行已经推出自己的电话银行，如工商银行 95588、民生银行 95568、招商银行 95555 等。相对于互联网交互性强、具有发散性的特点，电话支付是独立、封闭的语音系统，同时电话是专线系统，是点对点的数据传输，其安全性更有保证。消费者通过商家网站（在线下单）或打电话（商家帮用户下单）订购商品和服务，然后再拨打银行的电话银行系统，按照自动语音提示完成支付；待商家确认收款（实时到款通知）后给用户提供商品配送或服务。

自助银行支付：是较早被广大消费者接受的电子商务支付方式，并在大中城市逐渐得到普及。自助银行借助现代化的自助服务设备，例如，ATM、POS、查询机等，可以为客户提供方便、高效的多种金融服务。例如，银行卡的存款、取款、转账、修改密码、账户查询、存折补登、对账单打印等自助柜台服务；信用卡申请、信用卡贷款、信用卡消费、支票申请等销售服务；公共事业缴费、理财试算服务、自动保管箱服务、金融顾问服务等增值客户服务；查询金融市场行情、汇率、利率、股市行情、房产信息、热点购物信息等资讯服务。自助银行扩展了银行的柜台服务，实现了服务的自动化，并突破了服务的时间限制，是一种被广大消费者普遍认可的金融服务方式。相对于传统的支付方式来说，电子商务支付方式显现出充分的优势，但是电子商务支付过程中也存在不少问题，最明显的就是资金安全问题。因此，电子商务支付的安全性是目前各方都非常重视的一大方面。

网上金融：随着计算机网络的广泛应用，金融活动也都开始在网上实现，进而形成了网上金融。它不同于传统的以物理形态存在的金融活动，而是存在于电子空间中的金融活动，其存在形态是虚拟化的、运行方式是网络化的。它是网络信息技术与现代金融相结合的产物，是适应电子商务发展需要而产生的网络时代的金融运行模式。网上金融是未来金融业发展的一个重要方向。网上金融应用运行的轨迹，依赖于网络产业服务商、网络金融服务企业、金融管理机构、网络用户消费群和网络金融服务市场等。网上金融的内容是网上金融活动所涉及的业务和涵盖的领域。网上金融是网络与金融相结合的产物，但它不是两者的简单相加。包括网上银行、网上证券、网上保险、网上支付、网上结算以及网络期货等相关的金融业务。

三、电子支付的基本工作流程

电子支付应能满足普通客户和普通商家的网上支付要求。在电子商务网站上进行网上支付有两种方法：一种是通过第三方支付平台，如支付宝、财付通等，操作比较简单；另一种是与银行协商获得一个支付接口，从而实现网上银行的直接支付。基于 Internet 平台的电子支付基本流程如图 1-4 所示。

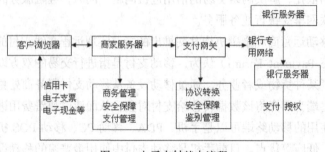

图 1-4　电子支付基本流程

（1）客户通过 Internet 浏览器进行购物浏览，确定购买商品，填写网络订单，选择支付方式，如信用卡，借记卡，电子货币或电子支票等。

（2）客户机对相关订单信息进行加密处理，在网上提交订单，订货单上需包括购买商品的名称、数量、交货时间和地点等相关信息。

（3）商家得到客户的订购信息，并由商家服务器对其进行检查、确认，并把相关的、经过加密的客户支付信息发给支付网关，得到银行后台业务服务器的确认，从银行得到支付资金的授权。

（4）通过银行验证确认后建立起来的支付网关的加密信道，给商家服务器发送确认及支付信息，给客户发送支付授权请求。客户选择付款方式，确认订单签发付款指令。

（5）客户通过得到的支付授权请求后，由支付系统按照双方协议与客户账户所在银行进行资金的清算，并按商家要求转入商家指定账户所在银行。

（6）结算银行向客户和商家发出支付结算成功结算信息。

需要指出的是，这里给出的流程只是一般意义上的流程，不代表各种网络支付方式的应用流程与上述的一样。对于不同的支付工具，由于采用的安全机制、支付方式等都不一样，所以具体的支付流程可能同上面的一般流程有不少差别。

下面以中国工商银行为例介绍网上银行支付的基本流程。首先要进行网上注册，图 1-5 所示为网上注册过程。

注册成功后，就可以进行网上购物，其具体过程如下。

（1）客户在电子商务网站浏览商品并下订单。

（2）商家向中国工商银行提交订单。

（3）客户确认要使用中国工商银行支付后，将此订单提交给中国工商银行。

（4）中国工商银行网银系统接收此订单，对商家和订单进行审核，审核通过后显示支付页面。

（5）客户输入支付卡卡号、支付密码和验证码等。

（6）中国工商银行审核持卡人的信息，审核通过后显示确认页面；客户确认后，中国工商银行进行支付指令处理；处理结束后，给客户显示交易结果。

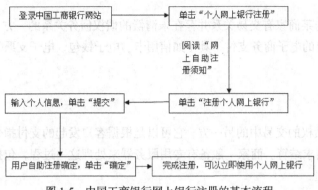

图 1-5　中国工商银行网上银行注册的基本流程

任务三　电子商务支付系统

　　电子商务支付系统的主要任务是利用电子资金转账系统完成电子资金的划拨、转账与结算。电子资金转账系统是指银行与它的客户之间进行金融数据通信的一种专业电子系统，是各银行自行开发应用的专有金融系统。它主要用于传输同金融支付相关的信息（主要包括电子货币信息及相关数据），为客户提供基于网络的支付结算服务。银行通过各种电子资金转账系统把支付服务从分支机构的柜台延伸到了零售商店、购物中心、企事业单位以至家庭。

一、电子商务支付系统的基本构成

　　电子商务支付系统是电子商务系统的重要组成部分，它指的是消费者、商家和金融机构之间使用安全电子手段交换商品或服务，即把新型支付手段包括电子现金（E-CASH）、信用卡、借记卡、智能卡等的支付信息通过网络安全传送到银行或相应的处理机构，来实现电子商务支付，是融购物流程、支付工具、安全技术、认证体系、信用体系以及现在的金融体系为一体的综合大系统。电子商务支付系统的基本构成如图 1-6 所示，参与对象主要有客户、商家、银行、支付网关、认证机构、支付工具和支付协议。

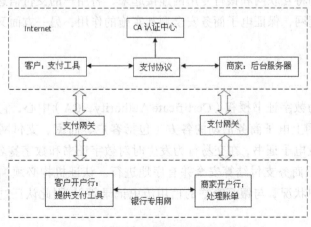

图 1-6　电子商务支付系统的基本构成

1．客户

客户一般是指与某商家有交易关系并存在未清偿的债权债务关系的一方（一般是债务）的一方。客户用自己拥有的电子商务支付工具（如信用卡、电子钱包、电子支票等）进行在线支付，是支付流程的起点。

2．商家

商家则是拥有债权的交易中的另一方。它可以是根据客户发起的支付指令向中介的金融体系请求货币给付，即请求结算。商家一般备有专用服务器来处理这一过程，包括客户身份的认证和不同支付方式的处理。

3．银行

电子商务的各种支付工具都要依托银行，电子商务支付系统的银行分为客户开户行、商家开户行和银行专用网。

客户开户行是指客户在其中拥有自己账户的银行，客户所拥有的支付工具就是由开户行提供的。客户开户行在提供支付工具的同时也提供了银行信用，即保证支付工具是真实并可兑付的。在利用银行卡进行支付的体系中，客户开户行为发卡行。

商家开户行是指商家在其中拥有自己账户的银行，其账户是整个支付结算过程中资金流向的地方或目的地。商家将客户的支付申请提交给其开户行后，就由商家开户行进行支付授权的请求，并完成与客户开户行之间的清算。商家的开户行依据商家提供的合法账单来操作，称为收单行。

银行专用网是银行内部及银行之间进行通信的专用网络，具有较高的安全性。包括中国国家现代化支付系统、人民银行电子联行系统、工商银行电子汇兑系统和银行卡授权系统等。

4．支付网关

支付网关是公用网和银行专用网之间的安全接口，通过互联网完成的交易支付信息必须通过支付网关进行处理后才能进入安全的银行支付系统，进而完成安全支付的授权和获取。支付网关一方面起到将互联网和银行专用网连接起来，将用户的支付信息从公用网络安全可靠地传递给银行专用网，保证电子商务安全顺利实施的作用；另一方面又起到隔离和保护银行专用网的作用。

5．认证机构

认证中心又称为数字证书授权（Certificate Authority，CA）中心，它是法律承认的权威机构，用于对参与网上电子商务活动的各方（包括客户、商家、支付网关、银行）进行网上交易时为他们颁发电子证书，在交易行为发生时对数字证书和数字签名进行验证，以确认各方身份，保证电子商务支付结算安全并有序地进行。认证机构必须确认参与者的资信状况（如在银行的账户状况，与银行交往的信用历史记录等），因此认证过程也离不开银行的参与。

6. 支付工具

目前经常使用的电子商务支付工具有银行卡、电子现金、电子支票等。在网上交易中，消费者发出的与支付工具有关的支付指令信息，在由商家送到支付网关之前，是在公用网络传送的。

7. 支付协议

电子商务支付系统应有安全电子交易协议或安全套接层协议等安全控制协议，这些涉及安全协议的作用是为公用网络上支付信息的流动制定规则并进行安全保护。目前比较成熟的支付协议主要有 SET 协议、SSL 协议等。一般一种协议只针对某一种支付工具，它对交易中的购物流程、支付步骤、支付信息的加密、认证等方面做出了规定，以保证在复杂的公用网络总的交易中，双方能快速、有效、安全地实现支付与结算。

二、电子商务支付系统的功能

不同的电子商务支付系统有不同的安全要求和功能要求。通常要求电子商务支付系统具备以下功能。

1. 使用数字签名和数字证书实现对网上商务各方的认证。为保证交易的安全进行，对参与交易的各方身份的真实性进行认证。通过认证机构或注册机构向参与方发放数字证书，以证实交易各方身份的合法性，以防止支付欺诈。

2. 使用加密技术对支付信息进行加密。可以采用单钥体制或双钥体制对传输的相关支付信息进行加密，采用数字信封技术来加强数据传输的保密性，以防止被未授权的第三者获取真实信息的征兆含义。

3. 使用信息摘要算法以保证支付信息的完整性。为保证传输的数据不被未授权者建立、嵌入、删除、篡改、重放等，能够完整无缺地到达接收者一方，系统必须能够将原文杂凑，生成信息摘要传送给接收者，接收者可以通过摘要来判断所接收的信息是否已被篡改。

4. 当交易双方出现纠纷时，保证业务的不可否认性。当交易出现纠纷时，特别是有关支付结算的纠纷时，支付系统必须在交易的过程中生成或提供充分的证据来保证对相关行为或业务的不可否认性。可以用数字签名技术和数字信封技术使发送者不能否认他所发送的信息，接收者不能否认他所接收的信息。

5. 能够处理网上贸易业务的多边支付问题。这种多边支付的关系可以通过双重数字签名等技术实现。由于网上贸易的支付关系到客户、商家和银行多方，其中传送的购货信息与支付指令必须捆绑在一起。商家只有确认了支付指令后才会继续交易，银行也只有确认了支付指令后才会提供支付。但同时商家只能读取订单信息，如物品的类型和销售价，不能读取客户的支付指令，银行只能知道支付信息，不能读取客户的购货信息。

任务四　电子商务支付安全问题

一、电子商务支付安全问题

目前，电子商务发展面临的主要问题之一是如何保障电子商务交易过程中的安全性。交易的安全是网上贸易顺利推行的基础和保障，是实现电子商务的关键之所在。完成电子商务中资金流的电子商务支付因涉及商务实体最敏感的资金流动，所以是最需要保证安全的方面，也是最容易出现安全问题的地方，如信用卡密码被盗、支付金额被篡改、收款抵赖等。电子商务支付的安全包括保障通信网络、信息系统的安全，以确保信息的有效性、真实性、机密性、完整性、不可否认性等。

1. 电子商务支付的安全问题

在交易过程中，消费者和商家面临的安全问题通常有以下几种。

（1）虚假订单——假冒者以客户名义订购商品，而要求客户付款或返还商品。

（2）客户付款后收不到商品。

（3）商家发货后，得不到付款。

（4）机密性丧失——PIN 或口令在传输过程中丢失，商家的订单确认信息被篡改。

（5）电子货币丢失——可能是物理破坏，或者被偷窃，这通常会给用户带来不可挽回的损失。

（6）非法存取——未经授权者进入计算机系统中存取数据，或合法授权者另有其他目的地使用系统。

（7）侵入——攻击者在入侵系统后离去，并为日后的攻击行为预留管道，如木马病毒。

（8）通信监听——攻击者无需入侵系统即可窃取到机密信息。

（9）欺诈——攻击者伪造数据或通信程序以窃取机密信息，例如，安装伪造的服务器系统以欺骗使用者主动泄露机密。

（10）拒绝服务——攻击者造成合法使用者存取信息时被拒绝的情况。

（11）否认交易——交易双方之一方在交易后，否认该交易曾经发生，或曾授权进行此交易的事实。

2. 电子商务支付的安全威胁

（1）信息的截获和窃取。

由于未采用加密措施或加密强度不够，数据信息在网络上以明文形式传送，攻击者可能通过互联网、公共电话网、搭线、在电磁波辐射范围内安装截收装置或在数据包通过的网关和路由器上截获数据等方式，截获传送的机密信息，或通过对信息流量和流向、通信频度和长度等参数的分析，推测出有用信息，如消费者的银行账号、密码以及企业的商业机密等。通过多次窃取和分析，可以找到信息的规律和格式，进而得到传输信息的内容，造成网上传输信息泄密。

（2）信息的篡改。

当攻击者掌握了信息的格式和规律后，通过各种技术方法和手段，对在网络上传输的交易信息数据进行中途修改，破坏信息的完整性，然后发往目的地。可以从以下三个方面篡改信息。

修改：改变信息流的次序，更改信息的内容，如购买商品的数量。

删除：删除某个信息或者信息的某些部分。

添加：在信息中添加一些额外的信息，让接收方接收错误的或者读不懂的信息。

（3）假冒用户身份。

由于掌握了数据的格式，并可以篡改通过的信息，攻击者可以冒充合法用户身份发送假冒的信息或者窃取商家的商品信息和用户信息等，而远端用户通常很难分辨。这损坏了被冒充的合法用户权益，使得交易失去可靠性。信息假冒有以下两种方式。

发送假冒的信息，如伪造电子邮件和用户，虚开网站和商店给用户发电子邮件，收订货单，要求客户付款或返还商品，导致客户付款后收不到商品；或者以客户名义订购商品，商家发货后，得不到付款；发送大量恶意的电子邮件，穷尽商家资源，使合法用户不能正常访问网络资源，使有严格时间要求的服务不能及时得到响应。

假冒他人身份，如冒充领导发布命令、调阅密件；冒充他人消费、栽赃；冒充主机欺骗合法主机及合法用户；冒充网络控制程序，套取或修改使用权限、密钥等信息；接管合法用户，欺骗系统，占用合法用户资源。由于掌握了数据的格式，并可以篡改通过的信息，攻击者可以冒充合法用户发送假冒的信息或者主动获取信息，而远端用户通常很难分辨真伪。

（4）交易抵赖。

交易的某方为了自己的利益，随意否认支付行为的发生或发生金额，或更改发生金额，对支付行为或支付的信息内容进行抵赖、修改和否认。交易抵赖包括多个方面，如发送者事后否认曾经发送过某条交易信息或内容，接收者事后否认曾经收到过某条交易信息或内容；消费者下了订单不承认，商家因卖出的商品的价格问题而不承认原有的交易或否认收到消费者的支付款项等。

（5）恶意破坏。

由于攻击者可以接入网络，攻击网络硬件和软件，因此可能对网络中的信息进行修改，掌握网上的机要信息，甚至可以潜入网络内部，导致商务信息的丢失与损坏，其后果是非常严重的。因而要对此所产生的潜在威胁加以控制和预防，以保证交易数据在确定的时刻、确定的地点是有效的。

二、电子商务支付安全的标准

由于因特网本身的开放性及目前网络技术发展的局限性，网上交易面临着种种安全威胁。交易与支付安全需求可归结为如下几个核心方面：有效性、认证性、真实性、机密性、完整性和不可否认性。

1. 有效性

要对网络故障、硬件故障、操作错误、应用程序错误、系统软件错误及计算机病毒所产生的潜在威胁加以控制和预防，电子商务系统应能有效防止系统延迟或拒绝服务情况的发生。必须保证交易数据在确定的时刻、确定的地点是有效的。

2. 认证性

为防止电子商务支付中可能出现的欺诈行为，双方应能可靠地确认对方身份的真实性，要求交易双方的身份不能被第三者假冒或伪装。常用的处理技术是身份认证，在电子商务中，参加交易的各方，包括商家、持卡人和银行必须采取如 CA 认证中心颁发的数字证书等措施来认定对方的身份，并以此识别对方。

3. 真实性

保证信息的真实性，常用的处理手段是数字签名技术，目的是为了解决通信双方相互之间可能的欺诈（如发送用户对他所发送信息的否认、接收用户对他已收到信息的否认等），而不是对付未知的攻击者，其基础是公开密钥加密技术。

4. 机密性

在电子商务支付过程中，对用户的银行账号、信用卡号、信用卡密码、身份证号等重要而敏感的信息，必须进行加密和安全传输，以防止交易过程中敏感信息被人非法截获或读取，从而导致泄密。采用加密传输后，即使别人截获了数据，也无法在短时间内识别信息的真实内容。

5. 完整性

要防止在交易过程中对信息的随意生成、修改和删除，同时要防止在数据传送过程中交易信息的丢失和重复，并保证信息传送次序正确。要求交易双方能够验证接收到的信息是否真实、完整，是否被人篡改，以保障交易支付数据的一致性。一般可通过提取信息摘要的方式来保障。

6. 不可否认性

为了使电子商务正常开展，电子交易通信过程的各个环节都必须是不可否认的。交易一旦达成，交易的任何一方都不能否认自己曾经的交易行为。电子商务系统应能从技术角度提供防抵赖功能，必须为网络支付结算提供一种使交易双方在支付过程中无法抵赖的手段，如数字签名、数字时间戳等手段。

三、电子商务支付的安全技术

为了满足电子商务的安全要求，电子商务系统必须利用安全技术为电子商务活动参与者提供可靠的安全服务。一个全方位的计算机网络安全体系结构包含网络的物理安全、访问控制安全、系统安全、用户安全、信息加密、安全传输和管理安全等。充分利用各种先进的主机安全技术，身份认证技术、访问控制技术、密码技术、防火墙技术、安全审计技术、安全管理技术、系统漏洞检测技术、黑客跟踪技术。在攻击者和受保护的资源间建立多道严密的安全防线，能极大地增加恶意攻击的难度，并增加审核信息的数量，利用这些审核信息可以跟踪入侵者。下面介绍几种主要的安全技术。

1. 防火墙

防火墙是建立在通信技术和信息安全技术之上的，它用于在网络之间建立一个阻止黑客访问某个机构网络的安全屏障，阻止对信息资源的非法访问，阻止机密信息从企业的网络上被非法输出；根据指定的策略对网络数据进行过滤、分析和审计，并对各种攻击提供有效的防范；主要用于 Internet 接入和专用网与公用网之间的安全连接。目前的防火墙主要有以下三种类型：包过滤型防火墙、代理服务器型防火墙和监测型防火墙。

2. 加密技术

加密技术是保证电子商务安全的重要手段，是信息安全的核心技术。加密技术的目的是保护网内的数据、文件、口令和控制信息，保护网上传输的数据，是保证电子商务安全的重要手段。所谓加密就是使用数学方法来重新组织数据，使得除了合法的接收者外，任何其他人要想恢复原先的"报文"或读懂变化后的"报文"都是非常困难的。密码算法利用密钥来对敏感信息进行加密，然后把加密好的数据和密钥通过安全方式发送给接收者，接收者利用同样的算法和传递来的密钥对数据进行解密获取敏感信息并保证网络数据的机密性。许多密码算法现已成为网络安全和商务信息安全的基础。

3. 数字签名技术

数字签名技术即进行身份认证的技术。数字签名（Digital Signature）是通过密码技术实现电子交易安全的形象说法，是公开密钥加密技术的一种应用，是指用发送方的私有密钥加密报文摘要，然后将其与原始的信息附加在一起，合称为数字签名。它力图解决互联网交易面临的几个根本问题：数据保密，数据不被篡改，交易方能互相验证身份，交易发起方对自己的数据不能否认。其具体要求是发送者事后不能否认发送的报文签名，接收者能够核实发送者发送的报文签名，接收者不能伪造发送者的报文签名，接收者不能对发送者的报文进行部分篡改，以及网络中的某一用户不能冒充另一用户作为发送者或接收者。通过数字签名能够实现对原始报文的鉴别与验证，保证报文的完整性、真实性、权威性和发送者对所发报文的不可抵赖性。

4. 身份识别技术

身份识别技术是指系统对通信用户或终端个人的身份进行确认的技术，是用户获得系统服务所必须通过的第一道关卡。身份识别技术是安全电子商务支付领域的一个重要方面，目的是要确认信息发送者的身份和验证信息的完整性，即确认信息在传送或存储过程中未被篡改过。目前常用的身份识别技术可分为基于口令的身份识别、基于物理证件的身份识别和基于生物特征的身份识别。

5. 防病毒技术

计算机病毒将导致计算机系统瘫痪，程序和数据遭受严重破坏，使网络的效率和作用大大降低，许多功能无法使用或不敢使用。病毒在网络中存储、传播，感染的途径多，速度快，方式各异，对网站的危害较大。因此，应利用全方位防病毒产品，实施"层层设防、集中控制、以防为主、防杀结合"的防病毒策略，构建全面的防病毒体系。反病毒技术大体分为病毒检测、病毒清除、病毒免疫和病毒预防。对计算机病毒应以预防为主，研制出高品质预防技术，才是上策。良好的管理和安全措施，可以大大地减少病毒攻击的危险并有效地防御大多数病毒。

项目实训

实训一 网上支付的基本流程

实训题目：网上支付的基本流程

实训目的：完成网上购物的基本操作，学会网上支付的基本流程

实训内容、成果及步骤：

一、实训内容

1. 教师指导学生登录当当网（http://www.dangdang.com）进行网上商品选购。

2. 教师指导学生登录当当网（http://www.dangdang.com）进行网上支付。

二、实训成果

《网上支付的基本流程实训报告》

三、实训步骤

步骤一：教师登录当当网（http://www.dangdang.com）选择一本电子商务参考书，就"网上选购商品"和"网上支付"的操作，对学生进行系统讲解和示范。

步骤二：让学生打开当当网，进行网上商品选购。

步骤三：组织学生分析该操作流程，将整个流程记录下来。

步骤四：让学生正确进行网上支付。

步骤五：组织学生分析该操作流程，将整个流程记录下来。

步骤六：组织学生撰写《网上支付的基本流程实训报告》。

实训二 电子商务支付的概念

实训题目：电子商务支付的概念

实训目的：熟悉网络银行的基本功能、服务内容和申请流程，熟悉电子商务中电子支付的各个环节

实训内容、成果及步骤：

一、实训内容

1. 教师指导学生登录银行的网站，查看其开展的网上个人业务。

2. 教师指导学生登录典型电子商务网站查看其支付方式。

二、实训成果

《电子商务支付的概念实训报告》

三、实训步骤

步骤一：在百度等搜索引擎上查到招商银行、中国银行、中国工商银行、中国建设银行的网址。

步骤二：登录上述银行的网站，查看其开展的网上个人业务（以个人银行为例，有账务查询、网上支付、转账汇款、自助缴费、外汇买卖、国债投资、证券服务、功能申请等）。

步骤三：登录365易购 http://www.365e-go.com、中百商网 http://www.zon100.com、第九城市 http://www.the9.com、卓越亚马逊 http://www.amazon.cn、易趣网 http://www.ebay.com.cn/，查询这

五个网站的支付方式有哪些？（如货到付款、邮局汇款、银行卡支付、直接付费、银行电汇等）。

步骤四：组织学生撰写《电子商务支付的概念实训报告》。

实训报告

实训 内容							
实训 时间		指导教师		班级		姓名	

实训要点：

实训内容：

实训成果：

问题和收获：

实训完成情况：

指导教师签名：

日　　　期：

实训评价

姓名：_____　　　　评价日期：_____　　　　小组评价人：_____

评价方式	比例	评价内容	分值	得分
个人评价	15%	对学习任务的兴趣	5	
		利用所学知识解决操作中遇到的问题的能力	10	
小组评价	35%	课堂纪律和学习表现	15	
		能与小组成员互帮互助，互问互答	20	
教师评价	50%	成功完成实验操作	15	
		实训报告内容填写无误	10	
		实训报告内容翔实，反映所学知识	15	
		实训态度和认真程度	10	
		总分		
总评				

案例分析

案例分析一

中国网上支付行业发展报告

1. 中国网络经济中增速最快的行业之一

艾瑞认为，一方面，网上支付安全性和易用性的提高，使得第三方支付受到越来越多的网民青睐，已有用户的使用黏性进一步提高；另一方面，网上支付平台积极而踏实地深耕和拓展应用行业，使得网上支付的应用领域延伸至日常生活的各个方面，因此提高了交易规模。近几年的第三方网上支付交易额规模如图1-7所示。

2. 网上支付占消费品零售总额比例上升，发展潜力巨大

艾瑞结合对网上支付交易额的统计，整理国家统计局发布的《国民经济和社会发展统计公报》时发现，网上支付交易额占社会消费品零售总额的比例逐年提升。如图1-8所示，2009年网上支付交易额占社会消费品零售总额的比例为4.0%，比2008年上升了1.6个百分点。由此看出，网上支付在人民生活中的渗透率提高，越来越多的消费品通过网络渠道进行交易、支付。但同时，数据也反映出网上支付交易额占社会消费品零售总额比例依然较低，因此有待将更多传统行业纳入网上支付领域，其未来增长潜力极高。

3. 网上支付B2C增长迅速，交易规模比例将逐渐上升

艾瑞预测，未来五年发展最快的领域是B2C领域，其交易额规模将从2009年的1684亿元，上升到2013年的11 418亿元；B2B交易额的增长速度将高于C2C交易额增长速度，年度平均增

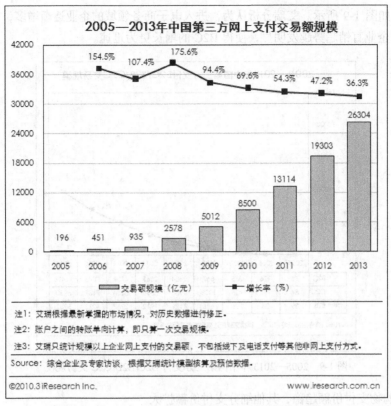

图 1-7 2005—2013 年中国第三方网上支付交易额规模

图 1-8 2005—2009 年中国网上支付交易额占社会消费品零售总额比例

速达 94.8%，如图 1-9 所示。艾瑞分析认为，进入电子商务领域的企业逐渐增多，促使企业端的交易增多，而企业直销趋势越发明显，使得 B2C 的增长更为迅速。

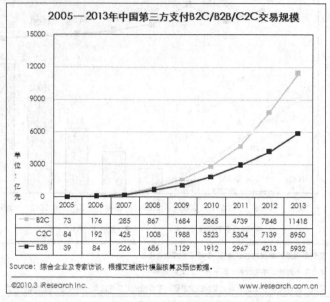

图 1-9　2005—2013 年中国第三方支付 B2C/B2B/C2C 交易规模

4. 网络购物支付份额趋稳，其他细分支付份额扩大

网络购物是第三方网上支付份额最大的应用领域，通常第三方网上支付均以该领域作为支付的切入点。然而随着各运营商的横向业务拓展，细分支付领域增多，将导致网络购物网上支付的份额保持在 40%左右，如图 1-10 和图 1-11 所示。各主要支付领域份额将小幅萎缩，其他细分领域的市场份额将会有所扩大，其他细分领域包括信用卡还款、生活缴费、网上金融、其他创新支付领域等。

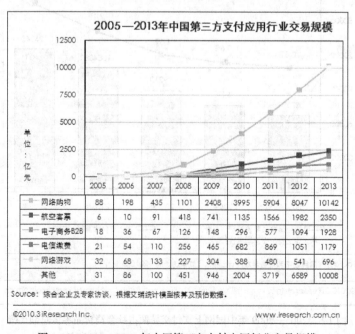

图 1-10　2005—2013 年中国第三方支付应用行业交易规模

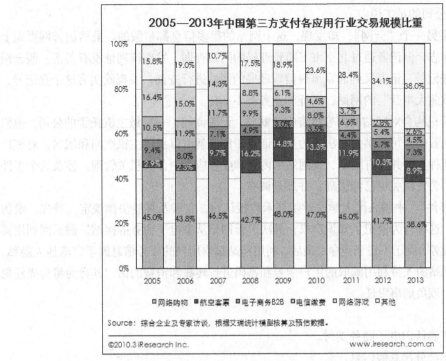

图 1-11 2005—2013 年中国第三方支付各应用行业交易规模比重

1. 案例功能

（1）让学生正确了解目前网上支付行业现状。

（2）让学生学会分析现在第三方支付的优势。

2. 案例任务

（1）谈谈为什么网上支付行业一枝独秀？

（2）第三方支付为何能得到大家的认可？

案例分析二

云网事件考验电子支付如何保障安全性

云网（www.cncard.com）是一家网上交易公司，顾客可以通过在线支付的形式购买上网卡、IP 卡之类的商品，在业内已有了一定的知名度。可是最近经常有供货商向他们质询："我们根本没有那种上网卡，你们怎么打着我们公司的名义卖？"云网公司对此一头雾水，因为他们卖的商品都是由厂家供应的。后来，经过调查，他们发现，原来最近一些论坛上出现了很多推荐另一个"云网"（www.kncard.com.cn）的帖子。这个"云网"的界面与真云网非常相似，而且也从事与真云网类似的网上交易，但实际上，它所出售的商品都是不存在的。

在这个"云网"网站，虽然会出现假的银行支付界面（没有经银行授权），要求用户输入银行卡号和密码，但即使输入正确银行卡号和密码后，系统却总提示交易失败，而用户的银行卡号和密码却可能已被泄露给这个网站，并有可能被这个网站利用而从用户的银行账户上提取现金或消费。

对此，云网公司很是气愤，"该网站根本不是为了进行电子交易，它的主要目的是为了骗取用户的卡号和密码，并用用户的卡号和密码进行消费，这种行为属于诈骗，使我们的商誉受到了严重影响。"云网公司的员工说。

记者试图联系另一个"云网",却发现,这个网站的很多信息都是假的。虽然假云网页面上有工商局的红盾标志,但记者通过北京市工商管理局的网站查询,发现该网址没有备案。假云网页面上还有 ICP 登记号,记者又到北京市通信管理局的网站进行查询,发现确实有这个登记号,但那是一家叫"歌曲大本营"的网站,网址和业务都不一样。

是否主机托管机构会对网站的内容负责呢?就此,记者询问了一家做主机托管的公司,他们说:一般只要被托管的公司提供公司法人的身份证复印件,就可以提供主机空间和域名,对客户利用网站从事的何种业务并没有限制,其网站的内容和业务应该由公安机关管理。涉及这个事件的银行已经报案,公安机关也已经受理,并展开调查。

对于"云网事件",中国人民大学法学院郭禾教授认为,它涉及某些法律规定。首先,模仿注册商标和界面,这种行为侵犯了知识产权;其次,云网是从事电子商务的网站,假云网利用其名称从事相同的业务,属于不正当竞争;最后,利用网站骗取用户的账号信息属于窃取他人隐私。另外,如果那个网站的人员利用骗取的用户卡号和密码进行转账和消费的话,其行为将构成侵犯个人的财产权,应该负刑事责任。

1. 案例功能

(1)让学生正确认识电子商务支付。

(2)让学生学会分辨真假信息。

2. 案例任务

根据"云网事件",谈谈你认为在电子商务支付中如何避免危险?

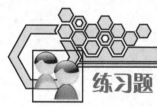

练习题

一、单项选择题

1. 通常清算业务是由( )进行操作。

    A. 中央银行   B. 金融机构   C. 商业银行

2. 按电子货币的形态,可以分为以下三种,下列哪一种不属于这种分类?( )

    A. 电子支票   B. 电子钱包

    C. 电子现金   D. 银行卡

3. 电子商务系统必须保证具有十分可靠的安全保密技术,必须保证( )。

    A. 信息的稳定性   B. 不可修改性

    C. 交易者身份的确定性   D. 数据的可靠性

4. 全球第一张银行信用卡于( )在美国富兰克林国际银行诞生。

    A. 1950 年   B. 1955 年   C. 1951 年   D. 1953 年

二、填空题

1. 支付过程包括_____、_____和_____3 个环节。

2. 电子商务支付系统由_____、_____、_____、_____、_____、_____和支付协议构成。

3. 我国计算机应急体系在进行计算机病毒的防范时，遵循的工作原则是：_____、及时发现、快速反应、_____。

4. 根据银行业务可以把支付分为两大类：_____、_____。

5. 传统支付方式主要包括_____、_____和_____等多种形式。

6. 目前，中国已经建立了同城清算所系统、_____、_____、_____、银行卡支付系统、邮政储蓄和汇兑系统、中国国家现代化支付系统和各商业银行的网络银行系统八类电子商务支付结算系统。

7. 电子商务支付的安全威胁包括_____、_____、_____、_____和_____5个方面。

8. 交易与支付安全需求包括_____、_____、_____、_____、_____和_____6个方面。

9. 目前的防火墙主要有以下三种类型：_____、_____、_____。

三、问答题

1. 什么是支付？

2. 说明电子商务支付系统具备的功能。

3. 在交易过程中，商家面临的安全问题通常有哪几种？

4. 电子商务系统的安全需求有哪些？

5. 电子商务安全技术主要包括哪些？

四、论述题

1. 说明清算和结算的关系。

2. 论述电子商务支付的类型。

五、综合题

访问当当网上书店（http://www.dangdang.com），列出在当当网上购物支付的流程。

项目二

网上银行支付

　　网上银行是利用 Internet 和 HTML 技术，为客户提供综合、统一、安全、实时的银行服务，包括提供对私、对公的全方位银行业务，还可以为客户提供跨国的支付与清算等其他贸易和非贸易的银行业务服务。

　　简单地说，网上银行就是银行在互联网上设立虚拟银行柜台，使传统的银行服务不再通过物理的银行分支机构来实现，而是借助于网络与信息技术手段在互联网上实现支付结算的一种手段。

　　企业网上银行是个人网上银行业务的延伸，是专门针对企业而提供的金融服务平台。同时，企业网上银行适用于需要实时掌握账户及财务信息、不涉及资金转入和转出的广大中小企业客户。客户在银行网点开通企业电话银行或办理企业普通卡证书后，就可在柜面或在线自助注册企业网上银行普及版。客户凭普通卡证书卡号和密码即可登录企业网上银行普及版，获得基本的网上银行服务。

📖 知识目标

1. 了解网上银行支付系统的基本构成、业务功能及系统分类
2. 掌握个人网上银行的功能、申请步骤和使用流程
3. 了解个人网上银行存在的安全问题和技术保障
4. 掌握中国农业银行个人网上银行的功能、申请步骤和使用流程
5. 认识和掌握企业网上银行支付的功能、申请步骤和支付流程
6. 了解企业网上银行存在的安全问题和技术保障
7. 掌握中国农业银行企业网上银行的功能、申请步骤以及支付流程

📖 学习要点

1. 网上银行支付系统的基本构成、业务功能及系统分类
2. 个人网上银行存在的安全问题以及技术保障
3. 企业网上银行存在的安全问题以及技术保障

📖 **学习难点**
1. 个人网上银行的功能、申请步骤和使用流程
2. 中国农业银行个人网上银行的功能、申请步骤和使用流程
3. 企业网上银行支付的功能、申请步骤以及支付流程
4. 中国农业银行企业网上银行的功能、申请步骤以及支付流程

任务一　网上银行支付系统

一、网上银行支付系统的基本结构

电子商务是一种全新的商务模式，对传统支付结算模式的冲击很大。传统的支付结算系统是以手工操作为主，以银行的金融专用网络为核心，通过传统的通信方式（邮递、电报、传真等）来进行凭证的传递，从而实现货币的支付结算。在网上支付系统中，不论是将现有的支付模式转化为电子形式，还是创造出网络环境下的新的支付工具，它们多多少少都具有无形化的特征。面对这样的一种支付系统，我们应该重新考虑它的支付规律，制定新的管理运行模式，以符合其崭新的面貌与特点。网上银行支付系统的基本结构，如图 2-1 所示。

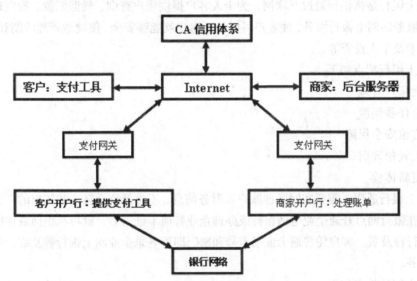

图 2-1　网上银行支付系统的基本结构图

二、网上银行的功能

从总体上来讲，网上银行提供的服务一般包括两类：一类是传统商业银行的业务品种的网上实现，即传统商业银行把网上银行作为自身业务品种的一个新兴的分销渠道来对待，这类业务基本上在网上银行建设的初期占据了主导地位；另一类是完全针对互联网的多媒体互动的特性而设计提供的创新业务品种。同时，它在组织机构和业务管理模式上也根本打破了传统商业银行的各种条条框框，成为真正意义上的网上银行。

传统商业银行业务的网上实现如下。

（1）银行业务项目：个人银行服务、网上信用卡业务、对公业务、其他付款方式、国际业务、信贷、特色服务。

（2）商务服务：投资理财、资本市场、政府服务。

（3）信息发布：国际市场外汇行情、兑换利率、储蓄利率、汇率、国际金融信息、证券行情、银行信息等。

从业务品种细分的角度来讲，网上银行一般包括以下几个方面的功能。

（1）余额查询，明细查询，积分查询。

（2）定期活期互转，活期转账汇款，跨行转账，向企业转账。

（3）缴费支付（如水电费、电话费等）。

（4）信用卡开卡，查询，还款。

（5）贷款查询，还贷款。

三、网上银行支付的分类

按照不同的标准，网上银行可以分为不同的类型。

1. 按服务对象，网上银行可以分为个人网上银行和企业网上银行

个人网上银行是指银行通过互联网，为个人客户提供账户查询、转账汇款、投资理财、在线支付等金融服务的网上银行服务，使客户可以足不出户就能够安全、便捷地管理活期和定期存款、支票、信用卡及个人投资等。

个人网上银行特点如下。

- 全面账户管理
- 资金任我调度
- 全方位安全保障
- 外汇轻松理财
- 便捷新体验

企业网上银行适用于需要实时掌握账户及财务信息、不涉及资金转入和转出的广大中小企业客户。客户在银行网点开通企业电话银行或办理企业普通卡证书后，就可在柜面或在线自助注册企业网上银行普及版。客户凭普通卡证书卡号和密码即可登录企业网上银行普及版，获得基本的网上银行服务。

企业网上银行特点如下。

- 拓宽金融服务领域
- 提升服务质量
- 降低服务成本
- 强化内部管理
- 新型的服务和营运模式

2. 按经营组织形式，网上银行可以分为分支型网上银行和纯网上银行

分支型网上银行是指现有的传统银行利用互联网作为新的服务手段，建立银行站点，提供在线服务而设立的网上银行。

网上银行在欧美出现后，主要形成两种形式，一是分支银行，二是纯网上银行。我国网上银行形式都是分支型网上银行，其业务依赖母行，各商业银行专门成立了网上银行中心，大力发展网上银行业务，但目前尚无纯网上银行出现。网上银行的业务依赖母行，使得其提供的服务可能只是原来传统业务在网上的一个简单延伸，很难形成盈利。

纯网上银行于 1995 年起源于美国，这类银行除了后台处理中心外，一般只有一个具体的办公场所，没有具体的分支机构、营业柜台、营业人员。

纯网上银行包括直接建立的独立的网上银行，完全依赖于互联网，又被称作"虚拟银行"；以银行为依托成立的新的独立的网上银行，如 SFNB。

任务二　个人网上银行支付

一、个人网上银行的功能

个人网上银行主要提供信用卡、各种银行卡、本外币活期一本通客户账务管理、信息管理、网上支付等功能，是网上银行对个人客户服务的窗口。

其具体业务功能如下。

1. 账户信息查询

系统为客户提供信息查询功能，能够查询信用卡和银行卡的人民币余额和活期一本通的不同币种的钞、汇余额；提供信用卡和银行卡在一定时间段内的历史明细数据查询；下载包含信用卡和银行卡、活期一本通一定时间段内的历史明细数据的文本文件；查询使用信用卡进行网上支付后的支付记录。

客户通过登录网上银行服务站点，通过选择查询余额、查询历史明细等功能选项，选取相应的账户和有关查询条件（如起始日期），进行相关账户的查询。

系统的 Web 服务器接收到客户的查询请求后，根据不同的查询请求和客户所在的地区将请求组成相应的交易请求包，经证书签名后送至该地区的网上银行，判断签名是否合法，确定是否为真实可信的交易请求，然后将该交易请求送至分行主机，并经分行主机处理后，将结果送回给网上银行 Web 服务器显示给客户。

2. 人民币转账业务

系统能够提供个人客户本人的或与他人的信用卡和银行卡之间的卡卡转账服务。系统在转账功能上严格控制了单笔转账最大限额和当日转账最大限额，使客户的资金安全有了一定的保障。

在对他人转账时，系统要求客户输入转出账户，并输入转账所需的网上银行支付密码。在转账成功后，客户可以马上查询本人账户余额，确认转账后的账户余额变动。

3. 银证转账业务

系统提供信用卡和银行卡客户在网上进行银证转账的功能，可以实现银转证、证转银、查询证券资金余额等功能。

银转证指的是客户可以将其在银行账户的资金转到其在证券公司的资金账户上。

证转银指的是客户可以将其在证券公司的资金账户上的资金转到其在银行开立的资金账户上。

客户可以通过查询证券资金余额的功能，实时查询其所在证券资金的账户余额。客户在转账之后，可以通过查询证券资金余额功能实时查询转账是否成功。要进行银证转账业务，客户必须首先在其所在城市的银行及券商处开立能够互转的银行账号和证券公司资金账号，然后再到银行网点开通网上银证业务。

4. 外汇买卖业务

系统提供通过网上银行系统进行外汇买卖的功能，主要可以实现外汇即时买卖、外汇委托买卖、查询委托明细、查询外汇买卖历史明细、撤销委托等功能。

5. 账户管理业务

系统提供客户对本人网上银行各种权限功能、客户信息的管理以及账户的挂失。客户可以冻结或解冻本人的某个账户的网上支付权限，更换本人登录用的卡号，冻结某一个账户已有的网上银行权限，如是否能够进行转账、外汇买卖、银证转账等。

6. B2C 网上支付

个人客户在申请开通网上支付功能后，能够使用本人的信用卡进行网上购物后的电子支付。通过账户管理功能，客户还能够随时选择使用哪一张信用卡来进行网上支付。

客户在商户购物后，进入商户的收银台界面，在该界面上选择某信用卡链接，系统将该客户在商户处的购物信息包括订单号、订单金额等传送至网上支付交易服务器（支付网关），根据客户与商户所在地，采用信用卡的本地授权交易或是异地授权交易将请求送到相应的分行网上银行前置机，经处理后将结果实时反馈给商户。

如果交易成功，系统还实时地将成功的信息加密签名后向商户发送，并由商户端的程序接收。商户将接收到的成功交易信息生成对应的对账单文件，在登录银行网站后，将对账单文件送至银行，并通过对账功能实时核对该日的订单信息是否与银行一致。银行在商户对账后立即进行清算，货款在 24 小时内即可到账。

二、个人网上银行业务的申请

根据客户持有的银行卡，每个银行都有不同的网上银行使用规定。有的银行需要客户本人持有效身份证件到该银行的营业网点办理网上银行申请手续，有的银行提供在银行网站在线申请网上银行服务的方式，有的银行提供柜台、网站、电话等多种申请和开通渠道。

1. 普通客户

个人网上银行普通客户指通过互联网站开通个人网上银行成功，但未至柜台签约的客户，该类客户可以使用查询、我的账户、投资理财、客户服务、安全中心等服务，不能使用转账汇款等服务。

2. 便捷支付客户

在原有个人网上银行普通客户服务功能的基础上，增加小额转账汇款、缴费支付、网上支付功能。

3. 高级客户

已在柜台签约开通个人网上银行，且已设置个人网上银行交易密码、下载证书的客户为个人网上银行高级客户（贷记卡不能签约网上银行）。高级客户使用非签约账户，则只有查询、我的账户、投资理财、网上支付、客户服务、安全中心等服务；使用签约账户还可享用转账汇款等功能。个人网上银行一般申请流程如图 2-2 所示。

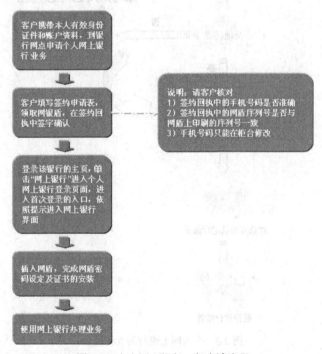

图 2-2　个人网上银行一般申请流程

三、个人网上银行的支付流程

个人网上银行的支付流程如图 2-3 所示。

（1）消费者选择商品：客户通过计算机连接 Internet，用 IE 浏览器进行商品搜索，与客服沟通好后选择订购，填写网络订单。

（2）选择支付银行：选择应用的网上支付结算方式（这里以个人网上银行为例），选定进行交易结算的一家银行，如未开通该银行的网上银行，则需要开通该银行的网上银行业务，并且得到银行的授权使用。

（3）安装数字证书：在计算机上安装好数字证书。

（4）对选定商品进行结算：客户确认相关订单信息，并提交订单，商家服务器对客户订购的商品信息进行检查、确认，并把相关的、经过加密的客户支付信息等转发给支付网关，由银行专用网络的后台业务服务器确认，以期从银行等电子货币发行机构验证并得到支付资金的授权。

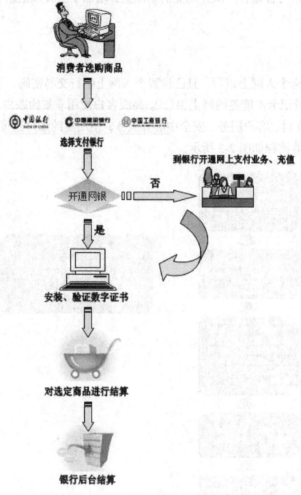

消费者选购商品

选择支付银行

开通网银

到银行开通网上支付业务、充值

否

是

安装、验证数字证书

对选定商品进行结算

银行后台结算

图 2-3　个人网上银行的支付流程

（5）银行后台结算：银行得到客户传来的进一步授权结算信息后，把资金从客户账号转拨至开展电子商务的商家银行账号上，借助金融专用网络进行结算，并分别给商家、客户发送支付结算成功的信息。

至此，一次典型的个人网上银行支付结算流程结束，商家和客户可以分别借助网络查询自己的资金余额信息，以进一步核对。

任务三　个人网上银行支付安全

一、个人网上银行存在的安全问题

随着电子商务技术的发展，网上银行的使用也越来越广泛，但是网上银行还存在很大的安全问题，这些安全问题受到普遍关注。日益猖獗的木马、形形色色的"钓鱼"网站，以及网络犯罪规模化、集团化，使得网上银行安全问题日益凸显。

个人网上银行存在的安全问题主要有以下几方面。

（1）网络安全问题。

来自网络上的各种病毒、木马等恶意程序以及层出不穷的欺诈事件，对网上银行支付系统构成威胁。

（2）网上银行自身的安全问题。

互联网是一个开放的网络，客户在网上传输的敏感信息，如密码、交易指令在通信过程中存在被截获、被篡改的可能，为防止此类情况的发生，网上银行系统一般采取加密传输交易信息的措施，而此类措施导致客户对商家难以进行认证。随着参与电子商务的厂商迅速增多，对厂商的认证问题越来越突出，这种措施的缺点也就完全暴露。

（3）网上银行客户的安全意识。

目前，我国银行卡持有人的安全意识普遍较弱，不注意密码保密，或将密码设为生日等易被猜测的数字。一旦卡号和密码被他人窃取或猜出，用户账号就可能在网上被盗用，从而造成损失，而银行的技术手段对此却无能为力。

（4）电脑硬件及个人因素。

网上银行赖以生存的互联网、计算机系统存在安全漏洞，技术上的不安全因素犹如定时炸弹，对计算机信息系统的稳定运行构成了潜在威胁。

银行内部制度不健全或管理不严格，因工作人员疏忽而引发一些安全问题。例如，工作人员的分工、知识结构水平、法律意识等因素的影响。

二、个人网上银行安全的技术保障

1. 数据加密技术

数据加密技术是为保证数据传输时的机密性、完整性和可用性，防止外泄、被恶意篡改或破坏，对网银系统客户端与服务器之间传输的数据进行加密保护。加密技术分两类：对称密钥加密和非对称密钥加密。

2. 身份验证技术

在目前的网络应用中，许多身份认证技术经过不断地发展已经达到被成熟使用的程度，数字证书就是一种应用非常广泛的网络身份识别技术。

3. 数字证书

数字证书是由 CA 机构（Certificate Authority）发行的一种权威性的电子文档，其作用类似于司机的驾驶执照或日常生活中的身份证，人们可以在互联网交易中用它来识别对方的身份。

4. 加强客户的安全意识

银行卡持有人的安全意识是影响网上银行安全性的不可忽视的重要因素。一些银行规定：客户必须持合法证件到银行柜台签约才能使用"网上银行"进行转账支付，以此保障客户的资金安全。另一种情况是，客户在公用的计算机上使用网上银行，可能会使数字证书等机密资料落入他人之手，从而直接使网上身份识别系统被攻破，网上账户被盗用。

5．建立评估机制，完善法规建设

评估分析技术是一种非常行之有效的安全技术，完全准确的安全评估是网络入侵防范体系的基础，对现有的或将要构建的整个网络的安全防护性能做出准确的分析评估，并保障将要实施的安全策略在技术上的可实现性、可执行性。

建立健全法律法规制度，加强网络安全教育，完善银行内部制度，做到有法可依，执法必严，违法必究。

任务四　中国农业银行个人网上银行

一、中国农业银行个人网上银行的功能

中国农业银行新一代个人网上银行在功能设计上，将原有的二级纵向菜单结构改变为多级横向菜单结构，并按照"我的账户"、"转账汇款"、"缴费支付"、"信用卡"、"个人贷款"、"理财投资"、"客户服务"、"分行特色"的框架进行了功能整合，如图 2-4 和图 2-5 所示。

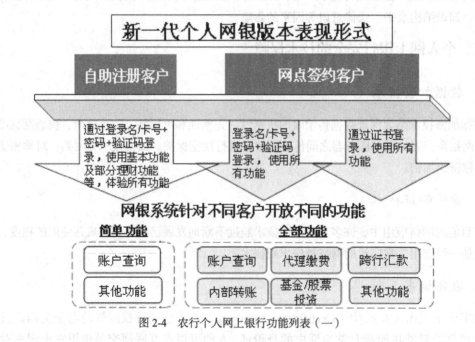

图 2-4　农行个人网上银行功能列表（一）

不同类型的个人网上银行客户，其享有的网上银行服务不尽相同。

个人网上银行证书客户可享受账户信息查询、转账交易、漫游汇款、贷记卡还款、网上缴费、理财服务、信息管理、网上外汇宝、电子工资单查询等服务。

个人网上银行非证书客户可享受金穗借记卡、金穗准贷记卡账户余额、明细信息查询，账户密码修改，金穗卡挂失，漫游汇款兑付，电子工资单信息查询等服务。

图 2-5 农行个人网上银行功能列表（二）

二、中国农业银行个人网上银行的申请

1. 适合的客户

具有互联网上网条件的所有中国农业银行个人客户。

2. 办理条件

公共客户只要持有金穗卡无需申请即可使用公共客户功能。

注册客户需到中国农业银行网点办理注册，提交相应客户信息，与中国农业银行签署服务协议。

3. 申请方式

可选择网上申请或网点申请，如图 2-7 所示。

（1）网上申请：登录中国农业银行首页（www.abchina.com），凭银行卡号和密码进入"个人网上银行"—"客户号申请"，填写并提交信息。随后到中国农业银行网点办理注册手续，如图 2-6 所示。

（2）网点申请：直接前往网点办理注册。

① 前往中国农业银行网点办理注册登记手续。填写《中国农业银行电子银行业务申请表（个人）》，签署《中国农业银行电子银行服务协议》，出示有效身份证件和需要注册的账户原始凭证（金穗借记卡、金穗准贷记卡、活期存折、活期一本通）。

② 获得个人网上银行证书参考号和授权码（简称两码）。证书可存放在 IE 浏览器或 USB-Key 中，客户可根据需要选择使用。

③ 登录中国农业银行首页（www.abchina.com），单击"证书向导"—"个人证书下载"。

④ 单击"证书下载"，根据提示输入两码，完成证书安装。

图 2-6　中国农业银行首页（www.abchina.com）

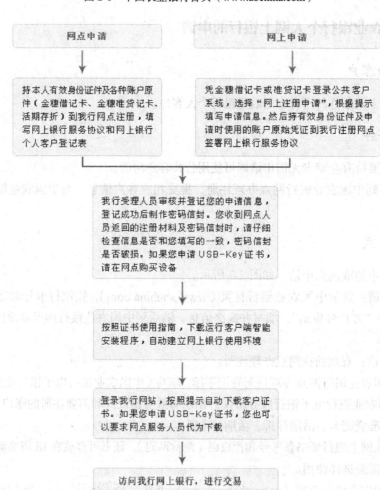

图 2-7　中国农业银行个人网上银行申请办理流程图

三、中国农业银行个人网上银行的支付流程

1. 申请电子支付卡操作流程

（1）客户登录中国农业银行网站 www.95599.cn 或者 www.abchina.com，选择"电子商务登录"，如图2-8所示。

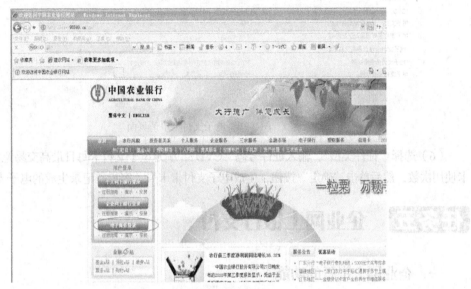

图2-8　中国农业银行网站

（2）客户打开"电子商务登录"页面，选择"电子支付卡登录"。

（3）客户登录"电子支付卡登录"页面，如图2-9所示。

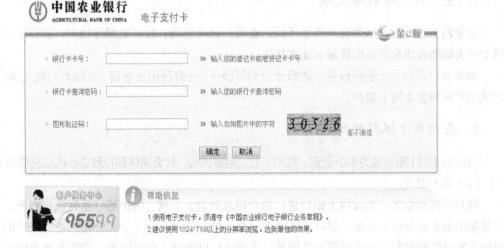

图2-9　电子支付卡登录页面

（4）客户输入"借记卡卡号"、"借记卡查询密码"及"图形验证码"，单击"确定"按钮后进入电子支付卡页面。

（5）选择"电子支付卡"—"管理"—"申请电子支付卡"，选择"同意"，进入电子支付卡申请页面，如图 2-10 所示。

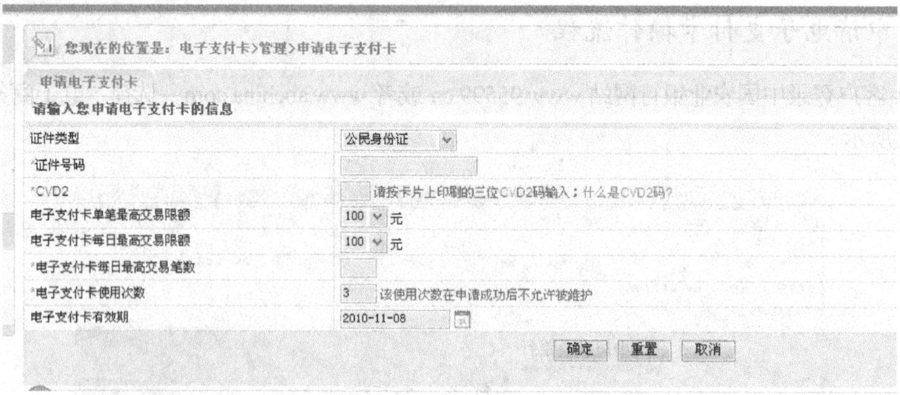

图 2-10　电子支付卡申请页面

（6）选择"证件类型"，输入证件号码、CVD2，确定电子支付卡每日最高交易笔数及电子支付卡使用次数，然后单击"确定"按钮，生成电子支付卡卡号。客户需记录生成的电子支付卡卡号。

任务五　企业网上银行支付

一、企业网上银行的功能

企业网上银行适用于需要实时掌握账户及财务信息、不涉及资金转入和转出的广大中小企业客户。客户在银行网点开通企业电话银行或办理企业普通卡证书后，就可在柜面或在线自助注册企业网上银行普及版。客户凭普通卡证书卡号和密码即可登录企业网上银行普及版，获得基本的网上银行服务。

1. 企业网上银行普及版

企业网上银行普及版为客户提供了账户查询、修改密码、首页定制等功能，客户还可以使用网上挂失功能在线自助办理普通卡证书挂失。

如果客户不满足于获得最基本的账务查询等服务，还需使用更丰富、更强大的网上银行功能，请使用专业的企业网上银行。

2. 企业网上银行的功能

目前企业网上银行能为中小企业、集团企业、金融机构、社会团体和行政事业单位提供以下服务。

（1）账户管理。

账户管理是指客户通过网上银行进行账户信息查询、下载、维护等一系列账户服务。无论客户是集团企业还是中小企业，都可以随时查看总（母）公司及分（子）公司的各类账户的余额及明细，实时掌握和监控企业内部资金情况；客户还可以通过"电子回单"功能在线自助查询或打印往来账户的电子补充回单。账户管理为客户实现集约化、现代化管理提供了有力保障。

（2）收款业务。

收款业务是收费企业客户通过网上银行以批量方式主动收取签约个人或者其他已授权企业

用户各类应缴费用的一项精品业务。它申办手续简便，收费方式灵活，可进行异地收款，为收费客户提供了一条及时、快捷、高效的收费"通道"，解决了一直困扰收费客户的"收费难"问题，缩短了资金周转周期，加快了资金的迅速回笼。

收款业务由批量扣企业和批量扣个人两部分组成，收费企业要对缴费企业（个人）进行扣款，必须先由银行、收费企业、缴费企业（个人）共同签订一个三方协议并建立扣款对应关系，建立对应关系的方法一般是由收费企业向银行提供，并且由银行通过内部管理系统手工建立。对于个人客户，还可以通过登录各银行个人网上银行，由个人客户自助签订协议。

（3）付款业务。

付款业务包括网上汇款、证券登记公司资金清算、电子商务和外汇汇款四大业务，是传统商务模式与现代电子商务模式相结合的产物，是银行为满足各类企业客户的付款需求而精心设计的全套付款解决方案。

① 网上汇款。集团企业总（母）公司可通过电子付款指令从其账户中把资金转出，实现与其他单位（在国内任何一家银行开户均可）之间的同城或异地资金结算，达到"足不出户"即可轻松完成企业日常结算业务的目的。

网上汇款为客户提供多种支付模式，客户可根据内部管理需要，统一设计对外转出或定向汇款的支付模式，通过客户设计的安全授权和控制方案，实现财务管理上的各种要求。采用网上汇款方便的批量指令处理方式和中国领先的结算网络将使客户的业务如虎添翼。

② 证券登记公司资金清算。证券公司类客户可通过"证券登记公司资金清算"功能向证券登记公司指定的清算账户进行转账和相关信息的查询，包括提交指令、查询指令、证券登记公司清算账户信息查询、指令授权四项功能。

③ 电子商务。B2B 在线支付是银行专门为电子商务活动中的卖方和买方提供的安全、快捷、方便的在线支付中介服务。银行 B2B 网上支付平台将电子商务活动的卖方和买方连接起来，为 B2B 特约商户和网上采购企业提供了先进、快捷的资金流通道，打破了时空限制，提高了交易效率，降低了交易成本。

采购企业在银行任何一家 B2B 特约商户进行订货或购物时，银行为客户提供两种支付方式，一种是直接在特约网站为已产生的订单完成支付，另一种是客户登录企业网银后通过电子商务功能将已取得的订单信息手工输入进行支付。支付结束后，B2B 特约商户和采购企业均可通过交易指令查询等功能获得详细的交易信息，从而掌握和监控整个交易进程。

④ 外汇汇款。外汇汇款是向企业客户提供的通过企业网上银行对外币账户进行同城/异地资金划拨和结算的一项业务。在国内银行率先实现了网上的外汇汇款功能，并根据不同的客户进行了有针对性的功能划分，客户可根据需要通过特定功能实现外汇资金的划拨和结算。

（4）集团理财。

集团企业总（母）公司可直接从注册的所有分（子）公司账户主动将资金上收或下拨到集团企业任一注册账户中，而不必事先通知其分（子）公司。定向汇款功能可以使企业在不开通对外转账权限时实现特定账户之间的转账功能。

集团理财指令提交包括"逐笔指令提交"和"批量指令提交"两种方式。"批量指令提交"是为满足客户成批提交电子付款指令的需要而设计的，既可以实现批量主动对外或对分（子）公司账户付款，也可以批量主动从分（子）公司账户收款，从而可大大减轻企业财务人员的工作量，并实现一个银行工作日内资金实时汇划。

（5）信用证业务。

信用证是指银行有条件的付款承诺，即银行（开证银行）依照开证申请人的要求和指示，承诺在符合信用证条款的情况下，凭规定的单据，向第三者（受益人）或其指定人进行付款，或承兑；或授权另一银行进行该项付款，或承兑；或授权另一银行议付。

网上银行信用证业务为企业网上银行客户提供了快速办理信用证业务的渠道，实现了通过网络向银行提交进口信用证开证申请和修改申请、网上自助打印《不可撤销跟单信用证开证申请书》和《信用证修改申请》、网上查询进出口信用证的功能。网上信用证业务将大大节省客户往来银行的时间与费用，提高工作效率，同时也为集团总部查询分支机构的信用证业务情况带来了便利，满足了客户财务管理的需求。

（6）贷款业务。

贷款业务向企业网上银行注册客户提供贷款查询的功能，包括主账户、利随本清和借据账查询等子功能。通过该业务，客户足不出户就能准确、及时、全面地了解总的贷款情况，并提供贷款金额、贷款余额、起息日期、到期日期、利息等比较详细的贷款信息，为企业财务决策提供数据，特别是方便集团企业总（母）公司对注册的所有总（母）公司和分（子）公司的贷款账户的查询。

（7）投资理财。

投资理财是银行为满足企业追求资金效益最大化和进行科学的财务管理需求而设计和开发的业务。投资理财目前包括基金、国债、通知存款及协定存款四项业务。

（8）贵宾室。

贵宾室是专为银行贵宾客户提供的，满足贵宾客户特殊财务需求的一系列功能组合，通过自动收款、预约服务、余额提醒、企业财务室等功能，给予贵宾企业优质、高效、省心的银行服务，从而减轻客户财务工作量，降低资金运营成本，提高资金的使用效益，优化业务操作流程，协助客户形成良好的资金运作模式。

贵宾室服务对象包括在企业客户中有一定经营规模、经营效益良好、合作关系密切的所有在网上银行注册的企业客户。一般客户如没有申请贵宾室服务，则不能使用此功能。

（9）代理行。

由于银行具有网点众多、资金汇划迅速、服务手段强大等优势，目前各银行的企业网上银行代理行业务为客户提供两种代理结算合作方式，即代签汇票与代理汇兑。

（10）银行信使。

银行信使（余额变动提醒）服务是银行为企业客户提供的一种有偿信息增值服务。企业定制银行信使服务后，其对公结算户无论是通过联机交易、自助设备（ATM、POS、自助终端）还是通过网银和电话银行所发生的余额变动，银行都会通过短信方式进行实时通知。

（11）客户服务。

① 首页定制。定制企业客户进入网上银行后，最先显示出来的页面。

② 相关下载。客户可以用此功能下载网上银行信息，包括批量工具软件下载和账户信息下载。

③ 客户资料。客户可以用此功能修改电子邮件、联系电话、传真等资料。

④ 帮助。它可以显示所有功能项列表，并附有每项功能的详细使用说明。

⑤ 证书管理。客户证书到期前 1 个月内，系统将自动提示客户的"证书快要到期"，使用此功能可自动缴纳证书年服务费，缴费成功后提示客户"已经缴费完毕，请单击'确定'按钮更新证书"。

二、企业网上银行业务的申请

企业网上银行是各银行依托互联网技术，推出的多样化网上金融服务。通过企业网上银行，客户可轻松办理账户查询、转账汇款、财务支付、集团服务、理财等业务。企业网银全新的技术架构，将大大地缩短客户日常财务处理的时间，提高企业资金运作效率，节约成本。

不同类型的用户申请企业网银的流程也不同。

1. 专业版用户

企业网上银行专业版用户申请流程如图 2-11 所示。

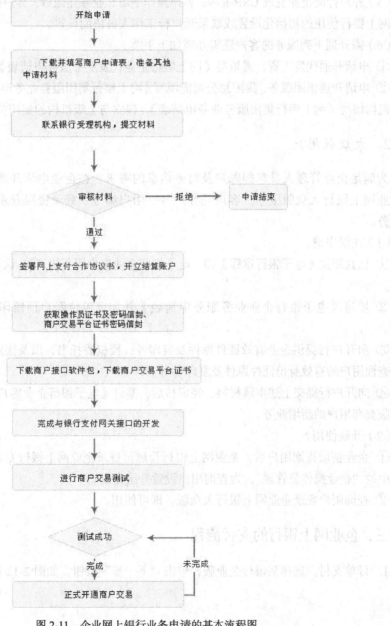

图 2-11　企业网上银行业务申请的基本流程图

（1）认真阅读《电子银行章程》和《电子银行企业客户服务协议》，认可章程及协议中的所有条款。

（2）填写《电子银行企业业务服务申请表》并加盖单位账户预留印鉴及公章、法人代表签章。

（3）向开户行提供企业有效证件原件及复印件，授权委托书（法定代表人亲自办理时不需提供，下同），以及法定代表人、经办人、管理员、操作员的有效身份证件原件及复印件等。

（4）向开户行提交上述申请材料，经审核后，签订《电子银行企业客户服务协议》，办理网上银行签约手续。

（5）开户行向企业发放 USB-Key、客户操作手册、业务凭证后，客户根据操作手册自行进行企业网上银行使用的初始化设置或联系开户行工作人员协助设置。

（6）需开通下列服务的客户还需办理如下手续。

① 申请开通代发工资，需填写《网上银行企业代发业务服务申请表》。

② 申请开通集团服务，集团总公司需填写《网上银行集团服务业务申请表》，建立集团客户；分支机构填写《网上银行集团服务业务申请表》，建立与上级机构的集团关系。

2. 大众版用户

为满足企业管理人员掌握账户及财务信息的需求，在企业申请开通专业版的基础上，提供企业网上银行大众版服务。客户凭客户号、用户编号及登录密码登录网银，即可享受查询类服务。

（1）注册申请。

① 认真阅读《电子银行章程》和《电子银行企业客户服务协议》，认可章程及协议中的所有条款。

② 填写《电子银行企业业务服务申请表》并加盖单位账户预留印鉴及公章、法人代表签章。

③ 向开户行提供企业有效证件原件及复印件，授权委托书，以及法定代表人、经办人、需增加查询用户的有效身份证件原件及复印件等。

④ 向开户行提交上述申请材料，经审核后，签订《电子银行企业客户服务协议》，办理企业大众版查询用户的新增业务。

（2）开通使用。

① 企业新增查询用户后，企业网上银行管理员登录企业网上银行专业版，进入"企业管理台"中的"企业操作员管理"，为查询用户设置登录密码。

② 查询用户登录企业网上银行大众版，即可使用。

三、企业网上银行的支付流程

1. 订单支付，选择某银行企业版，单击"下一步"按钮，如图 2-12 所示。

图 2-12　订单付款页面

2. 单击"登录到网上银行付款"按钮，如图 2-13 所示。

图 2-13　登录到网上银行付款页面

3. 企业网银操作员登录企业网银，如图 2-14 所示。

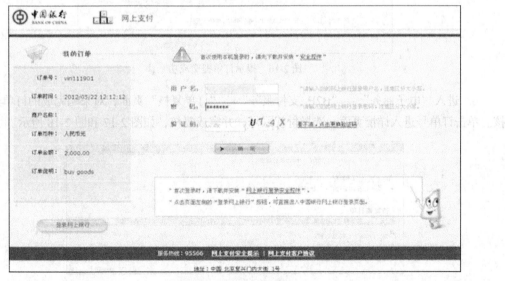

图 2-14　登录企业网银

4. 对订单进行确认，并输入动态口令，单击"确定"按钮，如图 2-15 所示。

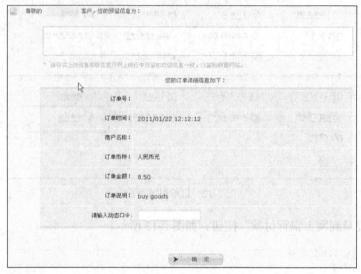

图 2-15　订单确认

5. 提示订单提交成功，如图 2-16 所示。

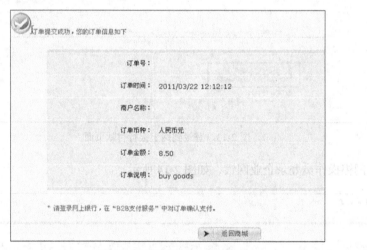

图 2-16　提示订单提交成功

6. 进入"电子商务"—"B2B 支付服务"—"订单复核"页面，对采购完成的订单进行复核。单击订单号进入详情页面，选择付款账号，并完成复核，如图 2-17 和图 2-18 所示。

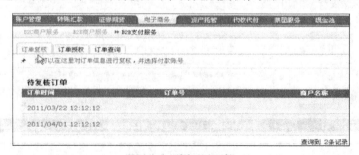

图 2-17　待复核订单

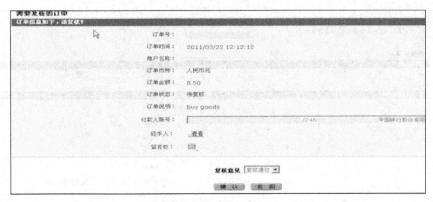

图 2-18 需要复核的订单

7. 进入"电子商务"—"B2B 支付服务"—"订单授权"页面，对复核通过的订单进行授权。单击订单号进入详情页面，确认订单并完成授权，如图 2-19 和图 2-20 所示。

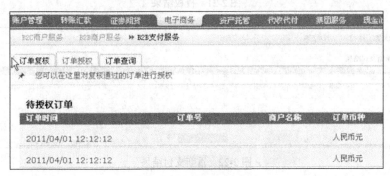

图 2-19 待授权的订单

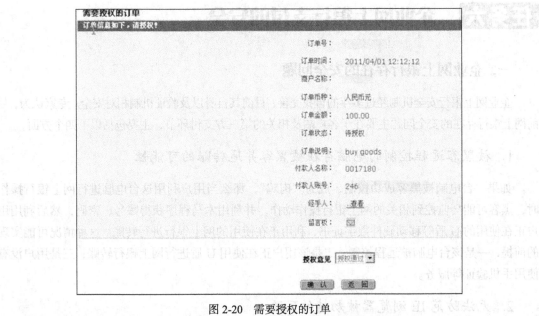

图 2-20 需要授权的订单

8. 如授权通过后，处理结果为"支付失败"，则会出现"重新支付"按钮，单击后该笔订单将会再次出现在"订单复核"菜单下，可重新进行订单复核、订单授权，如图 2-21 和图 2-22 所示。

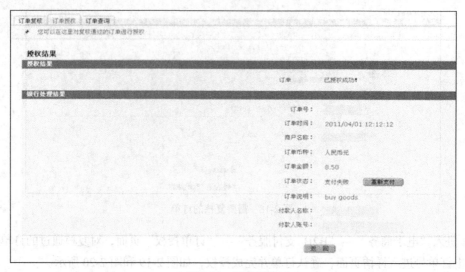

图 2-21　授权结果

图 2-22　重新支付结果

任务六　企业网上银行支付的安全

一、企业网上银行存在的安全问题

企业网上银行安全机制经过多年的自我完善，目前其自身以及验证机制相对安全。专家认为，目前网上银行存在的安全问题主要在于客户端及相关的第三方支付环节，主要包括以下四个方面。

1. 被黑客远程控制的电脑存在被黑客异地转账的可能性

如果一台电脑被黑客成功控制，成为"肉鸡"，那么当用户利用这台电脑进行网上银行操作时，黑客可能会监控到相关的网上银行操作动作，并利用木马程序获得账号、密码，然后利用用户正在使用的 U 盾等移动硬件数字证书，利用正在使用的网上银行进行转账。这种情况可能实现的前提，一是该台电脑被远程控制；二是该用户正在使用 U 盾进行网上银行转账；三是用户没有使用手机验证等服务。

2. 无法防范 IE 浏览器被劫持的风险

银行 U 盾的功能是对交易信息进行加密认证，认证后的交易信息可以满足准确、完整、不可伪造、不可否认的特性。在实际的网银操作流程里，用户在 IE 浏览器中形成交易信息，再由 IE

浏览器把交易信息传递给 U 盾进行认证。U 盾完全信任 IE 浏览器，即使 IE 提交了一笔经过篡改的交易，U 盾也不能发现，照样进行认证。因此，如果一个木马病毒通过某些技术手段，能够完全控制 IE 浏览器，就可以对网银用户的交易信息进行篡改，一旦用户确认交易，被篡改的交易就和正常交易一样，经过认证、发送，并最终执行。

3. 虚假的网上交易订单往往可以以假乱真

病毒在监控用户电脑进行网上购物时，会把用户的当前页面跳转到黑客特别设置的虚假付款页面。由于网上购物的收款方一般都是同一家第三方支付平台（如拍拍网的收款方都是深圳腾讯技术公司，淘宝网的收款方都是浙江支付宝网络有限公司等），真假网页不同的只是订单号和交易金额的差异，这种情况下常常有粗心的用户单击"确认付款"按钮，结果把原本正常购物的钱转到了黑客虚设的账号上。

4. 与第三方支付平台的对接存在可被利用的漏洞

许多网上银行与第三方交易平台进行了对接，这就给黑客盗取网上银行用户资金提供了可乘之机。第三方交易平台曾经出现可被利用的漏洞，并发生过多起用户资金被盗的案件。因为网上银行与第三方交易平台息息相关，因此第三方交易平台的安全性也不容忽视。

二、企业网上银行支付安全的技术保障

企业网上银行系统是银行业务服务的延伸，企业客户可以通过互联网方便地使用商业银行核心业务服务，完成各种非现金交易。但是，互联网是一个开放的网络，银行交易服务器是网上的公开站点，企业网上银行系统也使银行内部网向互联网敞开了大门。因此，如何保证企业网上银行交易系统的安全，关系到银行内部整个金融网的安全，这是企业网上银行建设中至关重要的问题，也是银行保证客户资金安全的最根本的要求。

企业网上银行支付安全的技术保障主要包括以下几个方面。

1. 数字证书

数字证书是由 CA 机构（Certificate Authority）发行的一种权威性的电子文档，其作用类似于司机的驾驶执照或日常生活中的身份证，人们可以在互联网交易中用它来识别对方的身份。

数字证书有浏览器数字证书和移动数字证书。

（1）浏览器数字证书。

浏览器数字证书又称个人证书，是指由 CA 认证中心颁发的、安装在客户浏览器端使用的个人证书。在客户端不需要安装驱动程序（但需要下载安装最新的签名控件），而且无需付费。IE 浏览器证书比较适合有固定上网地点的客户。

（2）移动数字证书。

目前，我们所接触的移动数字证书是指 USB-Key 数字证书。USB-Key 是一种智能存储设备，可用于存放网上银行数字证书，内置智能芯片，可进行数字签名和签名验证的运算，外形小巧，容易携带，可插在电脑的 USB 接口中使用。

USB-Key 证书私钥不能导出，因此备份的文件无法使用，其安全性高于浏览器证书。客户使用时需要安装 USB-Key 驱动程序，需要缴纳一定的成本费用。USB-Key 证书比较适合无固定上

网地点的客户。

2. 动态口令卡

为了有效地防范假网站和木马病毒窃取网上银行密码所带来的风险，我国几家商业银行纷纷推出了动态口令卡。动态口令卡（也称为电子口令卡）相当于一种动态的网银密码，大小类似于银行卡，卡上一般以矩阵形式印有若干字符串，刚申领的新卡有专用覆膜保护。

用户在使用网上银行进行对外转账、网上购物、缴费等支付交易时，网上银行系统就会随机给出一组口令卡坐标，用户可根据坐标从卡片中找到口令并输入网上银行系统。只有当口令组合输入正确时，用户才能完成相关交易。这种口令组合是动态变化的，使用者每次使用时输入的密码都不一样，交易结束后即失效，从而杜绝了不法分子通过窃取客户密码盗窃资金，保障了网上银行的安全。而且动态口令卡无需安装驱动程序，也不需要记忆密码，使用十分简单。某些银行的动态口令卡可能有使用次数的限制，如果使用完后还想继续使用则必须到银行更换。

3. 手机短信密码

银行用手机短信的形式提示顾客银行卡存取款以及消费额情况已经很常见，也确实给顾客带来了很多好处。手机短信认证是指客户在使用身份确认工具进行交易确认过程中，用手机短信配合验证的一种交易确认方式。

用户到柜台申请开通网上银行后，留下企业或个人的手机号码，银行人员把手机号码与银行账户做好绑定。用户在登录网上银行时，手机将收到一条显示一串六位数字的随机动态密码，这六位随机密码和原来个人设置的网上查询密码一起，进一步确认用户的合法身份。从某种程度上来说，手机短信密码是对目前数字证书功能的一个扩充，以实现更高级别的认证，使网上银行的支付更加安全可靠。

4. 其他与身份确认相关的安全技术

（1）图形码。
（2）密码键盘。
（3）安全控件。

任务七　中国农业银行企业网上银行

一、中国农业银行企业网上银行的功能

中国农业银行企业网上银行中分为四个版本，分别为智信版、智锐版、智博版和智翼版。

1. 中国农业银行企业网上银行智博版

中国农业银行企业网上银行智博版（原标准版）具有信息查询、对公支付、对私支付、集团理财、收款业务、票据预约、银企对账、投资理财等功能，适用于规模较大的企业客户和集团企业客户。客户申请注册智博版的企业网银，必须最少设置1个管理员和2个操作员才能进行交易。客户从银行柜台取得参考号和授权码后，如果使用的是有驱型K宝（华大K宝），首先要下载安

装网上银行 K 宝驱动程序，然后再下载证书；若使用的是无驱型 K 宝，将 K 宝插上后系统会自动安装驱动，直接下载证书即可。

2. 中国农业银行企业网上银行智锐版

中国农业银行企业网上银行智锐版具有信息查询、对公支付、对私支付、银企对账、投资理财等功能，智锐版适用于中小企业和个体工商户，具有使用门槛低、操作简便等特点，并且支持从企业结算账户向本行或他行企业（个人）账户进行批量资金划转（智博版仅支持本行的批量转账），主操作员可实现单人银企对账功能；申请注册智锐版的客户在银行柜台办理网上银行的注册手续时，由柜台工作人员对客户操作员类型进行设定，在网上银行中不能修改。主操作员的制单权限必须在柜台上设置，复核员的制单权限由主操作员在网银中设置。

智锐版的操作人员分为主操作员、制单员和复核员。

智锐版通过对制单员设置单笔免复核限额和日累计免复核限额来实现单人操作。

3. 中国农业银行企业网上银行智信版

中国农业银行企业网上银行智信版（原普及版）只能查询账户余额和明细，不具有转账功能；企业客户申请开通智信版企业网银成功取得客户号后，首次登录中国农业银行网银时，须先进行新用户注册，单击"企业网上银行登录"→"智信版"→"新用户注册"，依次输入客户号、身份证件号码（选择类型），设置登录名称、密码、图形验证码，单击"确定"按钮即可进入菜单。以后登录时只需输入登录名称、登录密码和验证码即可进入菜单进行相应的操作。智信版适用于所有的企业客户。

4. 中国农业银行企业网上银行智翼版

中国农业银行企业网上银行智翼版是指企业网银银企直连版，是中国农业银行提供的企业网上银行系统与企业财务软件系统直接连接的接入方式。企业通过财务系统的界面就可直接完成对其银行账户和资金的管理和调动，完成信息查询、转账支付等业务操作。智翼版适用于希望实现资金集中管理，对企业财务信息与银行账户信息的实时性、一致性要求较高，注重财务工作效率，且具有 ERP 或财务软件系统的大型集团企业。

二、中国农业银行企业网上银行的申请

目前中国农业银行企业网上银行分为四个版本，分别为智信版、智锐版、智博版和智翼版。以下重点介绍常见的三种版本智信版、智锐版及智博版的申请流程。

1. 企业网上银行办理条件

（1）智博版企业网上银行注册条件。

① 在中国农业银行开立单位结算账户。

② 企业客户申请注册智博版企业网上银行，须到其待注册账户的开户行办理并提供以下资料：

➤ 加盖待注册账户预留印鉴和单位公章，并由企业、单位法定代表人（或授权代理人）签章的《中国农业银行电子银行业务申请表（企业）》；

➤ 组织机构代码证原件及加盖公章的复印件，如该客户无组织机构代码证，则提供开立结

算账户时所提供的有效证件原件及加盖公章的复印件；

➢ 法定代表人有效身份证件复印件，经办人、企业网上银行管理员、操作员的有效身份证件原件及复印件；

➢ 法人授权委托书（法定代表人本人办理时不需）；

➢ 首次办理企业网上银行注册业务的客户还须与中国农业银行签订一式两份《中国农业银行电子银行服务协议（企业）》。

（2）智锐版企业网上银行注册条件。

① 在中国农业银行开立单位结算账户。

② 企业客户申请注册智锐版企业网上银行，须到其待注册账户的开户行办理并提供相关资料（同智博版）。

（3）智信版企业网上银行注册条件。

① 客户申请智博版或智锐版时可以关联开通智信版。无需提供额外申请资料。

② 客户单独开通智信版，须到其待注册账户的开户行办理并提供相关资料（同智博版）。

2. 企业网上银行注册流程

（1）智博版及智锐版企业网上银行注册流程如图 2-23 所示。

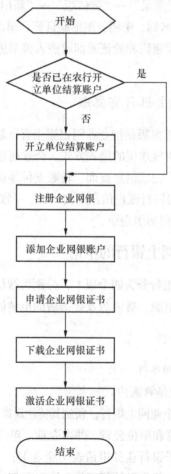

图 2-23　企业网上银行注册流程

（2）智信版企业网上银行注册流程。

① 客户向开户行提供注册智信版企业网上银行所需材料。若未在中国农业银行开立单位结算账户，先到中国农业银行任一营业网点开立账户。

② 中国农业银行审核客户资料，审核无误后添加企业需注册网银的单位结算账户，并生成客户号和操作员号，提供给客户。

③ 客户登录中国农业银行企业网上银行智信版界面，进行"新用户注册"，设置登录名称和登录密码。以后凭登录名称和密码登录即可。

三、中国农业银行企业网上银行的支付流程

企业客户在网上特约商户的交易网站购物时，中国农业银行可以提供实时的资金结算服务。

中国农业银行电子商务系统支持 B2C、B2B 两种模式的网上购物。

其中，B2C 网上支付提供电子支付卡支付和注册客户支付两种方式。电子支付卡支付方式适用于非证书客户。

我们以淘宝为例，演示中国农业银行企业网上银行充值支付流程，并完成 B2B 支付交易的全过程。

（1）登录支付宝账户，选择"我的支付宝"—"充值"—"网上银行"，选择"企业版"—"中国农业银行"，如图 2-24 所示。

图 2-24　选择网上银行

（2）单击"登录到网上银行充值"按钮，如图 2-25 所示。

（3）单击"出示证书"按钮，如图 2-26 所示。

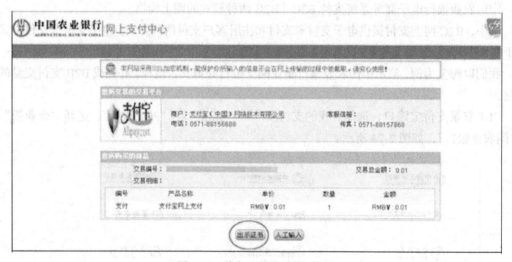

图 2-25 "登录到网上银行充值"页面

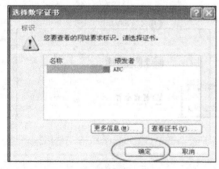

图 2-26 单击"出示证书"按钮

（4）选择数字证书，单击"确定"按钮，如图 2-27 所示。

（5）输入 K 宝证书密码，单击"确定"按钮，如图 2-28 所示。

图 2-27 选择数字证书　　　　　　　　图 2-28 输入 K 宝证书密码

（6）单击"B2B 交易管理系统"，如图 2-29 所示。

（7）单击"交易选择"，选择待支付交易，单击"确定"按钮，如图 2-30 所示。

（8）单击"同意"按钮，如图 2-31 所示。

图 2-29　"B2B 交易管理系统"

图 2-30　选择待支付交易

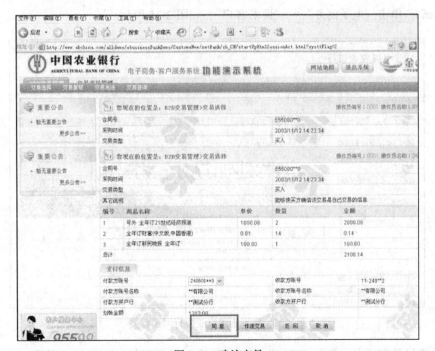

图 2-31　确认交易

（9）单击"确定"按钮，如图 2-32 所示。

（10）输入 K 宝密码，单击"确定"按钮，如图 2-33 所示。

图 2-32　确认支付

图 2-33　输入 K 宝密码

（11）交易成功，如图 2-34 所示。

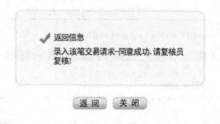

图 2-34　交易成功

（12）换操作员（该操作员必须具有复核权限），登录中国农业银行网银首页（http://www.abchina.com），单击"电子商务"—"证书客户"，如图 2-35 所示。

图 2-35　登录中国农业银行网银首页

（13）选择数字证书，单击"确定"按钮，并输入 K 宝密码，如图 2-36 所示。

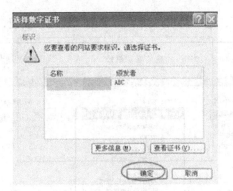

图 2-36　选择数字证书

（14）单击"交易复核"，选中待复核交易，单击"确定"按钮，如图 2-37 所示。

图 2-37　交易复核

（15）查看复核信息，复核通过，单击"同意"按钮，不通过单击"驳回"按钮，如图 2-38 所示。

图 2-38　交易复核通过

（16）单击"确定"按钮，并输入 K 宝密码，如图 2-39 所示。

（17）复核成功，如图 2-40 所示。

（18）单击"交易发送"，选中待发送交易，单击"确定"按钮，如图 2-41 所示。

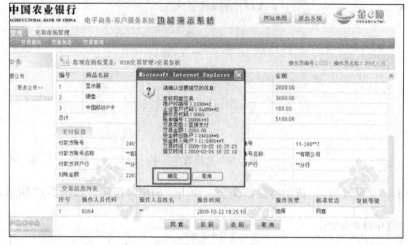

图 2-39　输入 K 宝密码

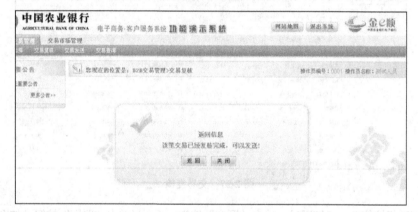

图 2-40　复核成功

图 2-41　选择待发送交易

（19）确认待发送信息，单击"发送"按钮，如图 2-42 所示。

（20）单击"确定"按钮，并输入 K 宝密码，如图 2-43 所示。

（21）B2B 支付交易成功，如图 2-44 所示。

图 2-42 交易发送

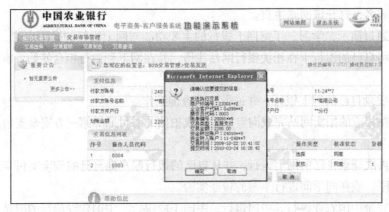

图 2-43 输入 K 宝密码

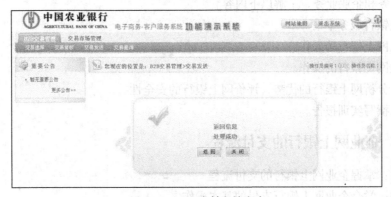

图 2-44 B2B 支付交易成功

项目实训

实训一 网上银行与支付新手上路

实训题目：掌握网上银行支付的基本方法

实训目的：学会个人网上银行支付的基本操作

实训内容、成果及步骤：

一、实训内容

1. 熟悉网上支付的基本方法。

2. 掌握网上购物的方法。

3. 了解网上银行的主要功能。

4. 体验网上支付的过程。

二、实训成果

学会个人网上银行的申请与网上支付操作。

三、实训步骤

步骤一：开机，打开 IE 浏览器窗口。

步骤二：在 URL 中输入中国农业银行（www.abchina.com）、中国建设银行（www.ccb.com）等银行网站的域名，打开该网站主页。

步骤三：通过演示，学习、了解网上银行的主要功能与网上银行的操作步骤。

步骤四：将自己的银行卡在相关银行网站注册，并在网下到银行柜台签约，申请开通网上支付功能。

步骤五：登录自己的网上银行，并进行账户查询操作。

步骤六：在相应的拍卖网站完成淘宝支付宝或拍拍的财付通等第三方安全支付工具的申请和认证。

步骤七：再次登录自己的网上银行，并从自己的银行账户向自己的淘宝支付宝或拍拍的财付通账户进行转账，或在同学间进行小额的转账实验。

步骤八：登录中国农业银行、中国银行、中国工商银行、中国建设银行的网站，查看其开展的网上个人业务和企业业务，了解以下内容。

（1）网上银行服务申请。

（2）个人网上银行的操作。

（3）企业网上银行的操作。

步骤九：分析网上银行的优势，评价网上银行的安全性。

步骤十：撰写实训报告。

实训二 企业网上银行的支付流程

实训题目：掌握企业网上银行的支付流程

实训目的：学会企业网上银行支付的基本操作

实训内容、成果及步骤：

一、实训内容

1. 熟悉企业网上银行支付的基本流程。

2. 掌握企业网上交易的步骤。

3. 体验网上支付的过程。

二、实训成果

掌握企业网上银行支付的流程和步骤。

三、实训步骤

步骤一：开机，打开 IE 浏览器窗口。

步骤二：选择某银行企业版，单击"下一步"按钮。

步骤三：单击"登录到网上银行付款"。

步骤四：企业网银操作员登录企业网银。

步骤五：对订单进行确认，并输入动态口令，单击"确定"按钮。

步骤六：提示订单提交成功。

步骤七：企业网银操作员登录网银，进入"电子商务"—"B2B 支付服务"—"订单复核"，对采购完成的订单进行复核。单击订单号进入详情页面，选择付款账号，并完成复核。

步骤八：企业网银操作员登录网银，进入"电子商务"—"B2B 支付服务"—"订单授权"，对复核通过的订单进行授权。单击订单号进入详情页面，确认订单并完成授权。

步骤九：如授权通过后，处理结果为"支付失败"，则会出现"重新支付按钮"。单击后该笔订单将会再次出现在"订单复核"菜单下，可重新进行订单复核、订单授权。

步骤十：撰写实训报告。

实训报告

实训内容						
实训时间		指导教师		班级		姓名	

实训要点：

实训内容：

实训成果：

问题和收获：

实训完成情况：

指导教师签名：

日　　期：

实训评价

姓名：_____　　　　评价日期：_____　　　　小组评价人：_____

评价方式	比例	评价内容	分值	得分
个人评价	15%	对学习任务的兴趣	5	
		利用所学知识解决操作中遇到的问题的能力	10	
小组评价	35%	课堂纪律和学习表现	15	
		能与小组成员互帮互助，互问互答	20	
教师评价	50%	成功完成实验操作	15	
		实训报告内容填写无误	10	
		实训报告内容翔实，反映所学知识	15	
		实训态度和认真程度	10	
		总分		
总评				

案例分析

避开个人网上银行的"网银大盗"

今年 3 月 10 日，建设银行一位网银用户账号内的 16 万余元莫名被盗，经过一步步侦查，警方终于揭开这起特大网上盗窃案的真相。据银行转账记录显示，被盗资金全部转入一个在昆明开户的建设银行活期账户内。经查，犯罪嫌疑人白某今年 31 岁，在昆明一家公司软件开发部工作，精通电脑程序编写。今年 3 月，白某通过一家求职信息网站获取郭某的姓名、联系方式等资料，随后伪造身份证并办理了一张建行卡。据白某交代，他在网上利用发送照片之际，将携带木马程序的病毒植入被害人电脑，进而获取被害人的银行账号、密码等，盗取被害人账户钱款。由于网银用户不断增多，此事引起社会的极大关注。

1. 案例功能

（1）让学生了解网上银行的安全问题。

（2）让学生学会分析如何应对网上银行的安全问题。

2. 案例任务

谈谈对个人网上银行诈骗陷阱的看法，并讨论个人应如何加强对自身资金安全的保护。

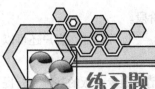

练习题

一、单项选择题

1. 以下（ ）不是传统信用卡支付与网上银行支付系统的差别。

    A. 使用者不同   B. 付款地点不同

    C. 信息传输通道不同   D. 付款授权方式不同

2. 1995年10月，全球第一家网上银行"安全第一网上银行"在（ ）诞生。

    A. 美国   B. 英国

    C. 日本   D. 中国

3. （ ）是指客户通过网上银行进行账户信息查询、下载、维护等一系列账户服务。

    A. 收款业务   B. 账户管理

    C. 付款业务   D. 集团理财

二、多项选择题

1. 企业网上银行一般包括几种版本？（ ）

    A. 大众版   B. 专业版

    C. 个人版   D. 私人版

2. 企业网上银行存在的安全问题主要在于（ ）以及相关的（ ）支付环节。

    A. 客户端   B. 支付软件

    C. 第三方   D. 安全软件

3. 关于企业网上银行支付安全的技术保障，其中数字证书有（ ）和（ ）两种。

    A. 动态口令卡   B. 手机短信认证

    C. 浏览器数字证书   D. 移动数字证书

4. 中国农业银行企业网上银行分为几个版本，分别为（ ）。

    A. 智信版   B. 智锐版

    C. 智博版   D. 智翼版

三、判断题

1. 从总体上讲，网上银行提供的服务一般包括两类（ ）。

2. 信用卡也能办理个人网上银行业务（ ）。

四、填空题

1. 网上支付系统设计_____、_____、_____，网上支付系统把银行的柜台延伸到客户端。因此，网上支付是传统支付系统的创新和发展。

2. 网上银行业务项目：_____、_____、_____、其他付款方式、国

3. 网上银行的发展经历了_____、_____和_____三个阶段。

4. 企业网上银行普及版为客户提供了_____、_____、_____等功能，客户还可以使用网上挂失功能在线自助办理普通卡证书挂失。

5. 为满足企业管理人员掌握账户及财务信息的需求，在企业申请开通专业版的基础上，提供企业网上银行_____版服务。客户凭客户号、用户编号及登录密码登录网银，即可享受查询类服务。

6. 目前企业网上银行存在的安全问题主要在于客户端以及相关的第三方支付环节，主要包括_____几个方面。

7. _____是由 CA 机构（Certificate Authority）发行的一种权威性的电子文档，其作用类似于司机的驾驶执照或日常生活中的身份证，人们可以在互联网交易中用它来识别对方的身份。

8. 中国农业银行企业网上银行智博版（原标准版）具有_____、_____、_____、_____、_____、_____、银企对账、投资理财等功能，适用于规模较大的企业客户和集团企业客户。

五、问答题

1. 从业务品种细分的角度来讲，网上银行一般包括哪几个方面的功能？

2. 网上银行发展中存在哪些需要解决的问题？

3. 简述信息技术与银行业务的融合问题。

4. 浅析个人网上银行的功能。

5. 个人网上银行迅速发展的原因是什么？

6. 请简单罗列企业网上银行的基本功能。

7. 请简单说明企业网上银行专业版用户办理流程。

8. 目前企业网上银行存在的安全问题主要在于客户端以及相关的第三方支付环节，主要包括哪四个方面？

9. 分别简述说明数字证书、动态口令卡以及手机短信认证这三种企业网上银行支付安全的技术保障措施内容。

10. 简述中国农业银行企业网上银行智博版的功能。

项目三

第三方支付

第三方支付，指一些和国内外各大银行签约，并具备一定实力和信誉的第三方独立机构提供与银行支付结算系统接口的交易支持平台的网络支付模式。第三方支付系统，指系统提供者通过计算机、通信和信息安全技术，在商家和银行之间建立连接，实现消费者、金融机构以及商家之间的货币支付、资金划拨、查询统计服务的一个系统。

📖 **知识目标**

1. 了解第三方支付系统的基本构成
2. 掌握第三方支付系统的功能
3. 掌握第三方支付系统的分类
4. 掌握第三方支付系统的的支付交易流程
5. 了解第三方支付系统的安全问题

📖 **学习要点**

1. 第三方支付系统的构成
2. 第三方支付系统的功能
3. 第三方支付系统的支付交易流程
4. 第三方支付系统的安全问题

📖 **学习难点**

1. 第三方支付系统的功能
2. 第三方支付系统的支付交易流程

任务一 第三方支付系统

一、第三方支付系统的基本构成

第三方支付系统分为 5 个部分，具体内容如图 3-1 所示。

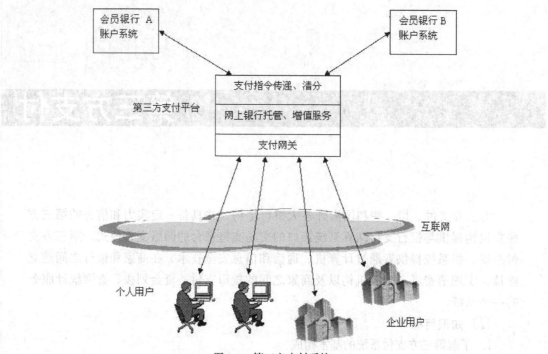

图 3-1 第三方支付系统

1. 第三方支付的概念

第三方支付，指一些和国内外各大银行签约，并具备一定实力和信誉的第三方独立机构提供与银行支付结算系统接口的交易支持平台的网络支付模式。

2. 第三方支付系统的概念

第三方支付系统，指系统提供者通过计算机、通信和信息安全技术，在商家和银行之间建立连接，实现消费者、金融机构以及商家之间的货币支付、资金划拨、查询统计服务的一个系统。

3. 第三方支付系统的基本构成

（1）客户：拥有第三方支付系统账户和银行账户的买方。

（2）商家：拥有银行账户和第三方支付系统账户的卖方。

（3）支付网关：是银行金融网络系统和 Internet 网络之间的接口，是第三方处理商家支付信息和顾客的支付指令。

（4）支付平台：是在线支付服务平台，是买卖双方交易过程中的"中间人"，提供信用担保并在交易后提供相应的增值服务。

（5）网络银行系统：以信息技术和互联网技术为依托，通过 Internet 向用户开展和提供开户、销户、资金转账、查询、对账等金融服务的新型银行机构。

4. 第三方支付系统的功能

第三方支付系统的功能是在互联网安全的系统之上提供在线支付服务，是买卖双方交易中的"资金管家"，向交易双方提供信用担保、资金划拨、交易过程实时查询，以及有效、快速的银行业务服务的功能。

（1）信用担保。

第三方支付系统为交易双方提供信用担保，在交易的过程中充当资金"管家"，让交易流程能顺利进行，避免网上风险，解决网络交易的信用危机问题。维护双方的权益，防止交易双方中的抵赖行为。

（2）资金划拨。

第三方支付系统在交易双方之间建立一个安全、有效、便捷、快速的资金划拨方式，保证物流、资金流和信息流正常流动，提高网上交易成交量。

（3）查询实时信息。

第三方支付系统向客户和商家都提供实时交易动态信息查询，并对交易信息进行处理等服务。

（4）创新银行增值业务。

第三方支付系统与多家银行合作，提供统一的应用接口和金融创新业务服务。在支付手段上为客户提供更多选择，使消费者能够随时随地通过互联网享受银行业务服务。

二、第三方支付系统的分类

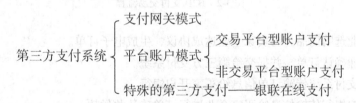

（1）支付网关模式是指客户和银行通过支付系统连接起来，客户发出支付指令传递给银行，银行按照指令完成转账并通知支付系统，支付系统再通知商户并与商户进行结算。

（2）交易平台型账户支付模式是指买卖双方达成交易意向后，买方将款项转至其第三方支付系统的账户，待卖家发货给买家，买家收货满意确认后通知第三方支付系统，第三方支付系统将买方转来的款项划至卖家的账户。

（3）买卖双方都在第三方支付系统内设立账号，第三方支付系统按照付款方发出的指令从其账户转账至收款方账户，以电子货币为介质完成网上款项支付，支付交易只在第三方支付系统内循环。

（4）银联在线支付是中国银联为满足各方网上支付需求而打造的银行卡网上交易转接清算平

台，也是中国首个具有金融级预授权担保交易功能，全面支持所有类型银联卡的集成化、综合性的独立的第三方支付系统。

任务二 支付网关模式第三方支付

一、B2B 支付交易流程

支付网关的 B2B 支付交易建立在 B2B 交易平台后端，交易和支付是两个独立的过程。B2B 支付交易包括八个基本步骤，具体流程如图 3-2 所示。

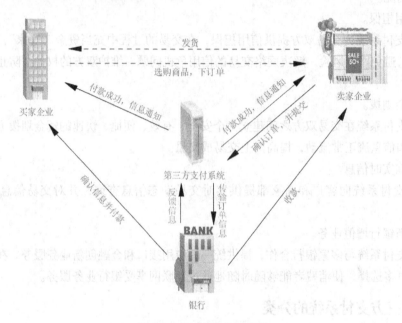

图 3-2　B2B 支付交易流程

（1）买家企业选购商品，与卖家企业达成协议，生成电子订单。

（2）卖家企业确认订单，并提交给第三方支付系统。

（3）第三方支付系统传输订单信息给买家开户银行。

（4）买家开户银行传输信息给买家企业进行订单确认并付款。

（5）卖家开户银行收到款项。

（6）银行将反馈成功信息传给第三方支付系统。

（7）第三方支付系统将银行的反馈分别通知买卖双方企业。

（8）卖家企业发货。

步骤解析如下。

（1）买家企业选购商品，与卖家企业达成协议，生成电子订单。

买家企业在卖家企业网站上选购商品，并与卖家企业进行洽谈达成协议后，买家企业点击购买，填写商品购买信息，提交、生成电子订单。

（2）卖家企业确认订单，并提交给第三方支付系统。

卖家查看订单，对买家企业的商品购买信息进行相应的核实、确认、提交。第三方支付系统接收卖家的请求。

（3）第三方支付系统传输订单信息给买家开户银行。

第三方支付系统将订单信息传输给买家开户银行。

（4）买家开户银行传输信息给买家企业进行订单确认并付款。

买家银行将支付页面传输给买家企业进行信息确认并输入银行卡卡号和密码。买家银行验证银行卡信息正确并转账。

（5）卖家开户银行收到款项。

卖家银行接收到买家银行转入的货款。

（6）银行将反馈成功信息传给第三方支付系统。

卖家银行将货款成功转入的信息通知第三方支付系统。

（7）第三方支付系统将银行的反馈分别通知买卖双方企业。

第三方支付系统再将银行反馈成功支付的信息通知买卖双方企业。

（8）卖家企业发货。

卖家企业收到通知后发货给买家企业。

二、B2C 支付交易流程

B2C 支付交易中有四个主体参与：消费者、商户、双方开户银行和第三方支付系统。B2C 支付交易包括八个基本步骤，具体流程如图 3-3 所示。

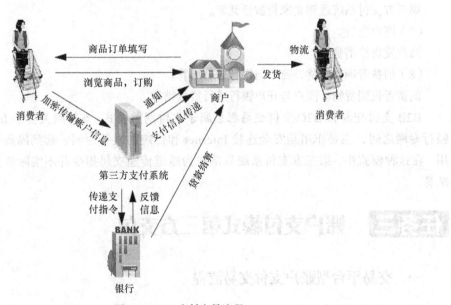

图 3-3　B2C 支付交易流程

（1）消费者浏览商品，订购商品。

（2）消费者填写商户的商品订单，选择第三方支付系统的支付方式。

（3）第三方支付系统将支付方式信息传递给商户。

（4）第三方支付系统传递支付指令给买家开户银行。第三方支付系统加密传输消费者的银行卡卡号和密码，完成支付。

（5）卖家开户银行反馈支付确认信息给第三方支付系统。

（6）第三方支付系统通知商户成功支付的信息。

（7）商户发货。

（8）消费者确认收货，商户与银行进行结算。

步骤解析如下。

（1）消费者浏览商品，订购商品。

消费者在商户的网站浏览商品，选购商品，单击"购买"。

（2）消费者填写商户的商品订单，选择第三方支付系统的支付方式。

消费者填写商品购买订单，提交订单，进入支付界面，选择第三方支付系统来完成支付工作。

（3）第三方支付系统将支付方式信息传递给商户。

第三方支付系统接收到消费者的支付指令将支付方式信息传输给商户。

（4）第三方支付系统传递支付指令给买家开户银行。

第三方支付系统接收到消费者的支付指令，将支付指令传输给买家开户银行。消费者进入银行支付界面，输入银行卡卡号和密码。买家银行将货款转入卖家银行。

（5）卖家开户银行反馈支付确认信息给第三方支付系统。

卖家开户银行收到转入货款，通知第三方支付系统已成功支付。

（6）第三方支付系统通知商户成功支付的信息。

第三方支付系统通知卖家货款已到账。

（7）商户发货。

商户发货给消费者。

（8）消费者确认收货，商户与银行进行结算。

消费者收到货物，商户与开户银行进行货款结算。

B2B 支付交易和 B2C 支付交易都是属于支付网关模式。支付网关位于 Internet 和传统的银行专网之间，主要作用是安全连接 Internet 和传统的银行专网，起到隔离和保护专网的作用。在这种模式中，第三方支付系统只是作为通道传递支付指令并不实际涉及银行的支付与结算。

任务三　账户支付模式第三方支付

一、交易平台型账户支付交易流程

第三方支付系统在交易平台型账户支付中的作用，不像在支付网关模式中仅仅是一个执行指令的通道，而是充当资金"管理者"和信用中介的角色，协调双方的行为，保证交易流程顺利进行，减少双方支付步骤，让交易更快速、高效，减少交易风险。交易平台型账户支付交易流程如图 3-4 所示。

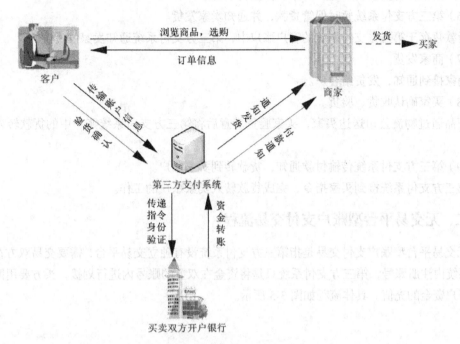

图 3-4　交易平台型账户支付交易流程

（1）客户浏览商品，选购商品。

（2）客户订购商品，商家确认订单并通知买家付款。

（3）客户通过第三方支付系统提供账户信息及订单信息。

（4）第三方支付系统传递支付指令给客户开户银行。第三方支付系统进行身份验证。

（5）客户开户银行资金转账到客户第三方支付系统账户。

（6）第三方支付系统暂时保管货款，并通知卖家发货。

（7）商家发货。

（8）买家确认收货、验货。

（9）第三方支付系统传输付款通知，货款转到卖家账户。

步骤解析如下。

（1）买方选购商品。

客户浏览商品，选购商品。

（2）客户订购商品，商家确认订单并通知买家付款。

客户订购商品，填写订单并提交。商家对客户的订单进行核实、确认，买家进入付款页面。

（3）客户通过第三方支付系统提供账户信息及订单信息。

客户选择第三方支付系统，填写付款页面中的银行卡的信息。

（4）第三方支付系统传递支付指令给客户开户银行。

第三方支付系将客户的支付指令传递给开户银行，并对客户、银行进行身份验证。

（5）客户开户银行资金转账到客户第三方支付系统账户。

客户的银行将货款转入客户的第三方支付系统账户。

（6）第三方支付系统暂时保管货款，并通知卖家发货。

货款暂存于第三方支付系统的客户账户中，第三方支付系统通知卖家发货。

（7）商家发货。

商家接到通知，发货给客户。

（8）买家确认收货、验货。

商品通过物流公司送达买家，买家验货满意后将第三方支付系统账户中的货款转入卖家账户中。

（9）第三方支付系统传输付款通知，货款转到卖家账户。

第三方支付系统接到买家指令，完成货款转入卖家账户的工作。

二、无交易平台型账户支付交易流程

无交易平台型账户支付交易是指第三方支付系统没有独立交易平台，需要交易双方在第三方支付系统内注册账号，第三方支付系统只是将资金在双方的账号内进行划拨，买方要用网上银行完成账户资金的充值。具体流程如图 3-5 所示。

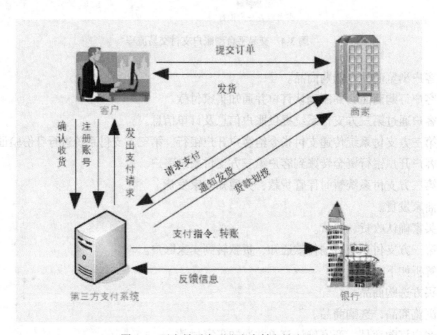

图 3-5　无交易平台型账户支付交易流程

（1）客户和商家都在第三方支付系统注册账号，填写信息。

（2）客户订购商品下订单，商家将客户账号信息传输给第三方支付系统，并发出支付请求。

（3）第三方支付系统向客户发出支付请求。

（4）第三方支付系统加密传输客户银行卡号、密码，将客户在开户银行的资金转账到第三方支付账户中。

（5）银行将反馈信息传递给第三方支付系统。

（6）第三方支付系统通知商家发货。

（7）商家发货。

（8）客户确认收货。

（9）第三方支付系统将客户账户中的货款划拨到商家账户中。

步骤解析如下。

（1）客户和商家都在第三方支付系统注册账号。

客户和商家都要在第三方支付系统的网站上注册账号，将个人或者公司信息和银行卡信息真实、正确地填写并提交，获得第三方支付系统的账号。

（2）客户订购商品下订单，商家发出支付请求。

客户在购物网站选购商品，填写商品订单信息，选择第三方支付系统进行支付。商家将客户账户信息传给第三方支付系统，发出支付请求。

（3）第三方支付系统向客户发出支付请求。

第三方支付系统将支付页面传递给客户，发出支付请求。

（4）第三方支付系统传输信息给客户开户银行。

第三方支付系统将客户填写的银行卡卡号、密码传递给客户开户银行，将货款转入客户的第三方支付账户中。

（5）银行将反馈信息传递给第三方支付系统。

银行将货款成功转入的信息传递给第三方支付系统。

（6）第三方支付系统通知商家发货。

第三方支付系统接到银行的成功反馈信息后通知商家发货。

（7）商家发货。

商家接到第三方支付系统的通知后发货给客户。

（8）客户收货、验货。

客户收货并检验货物满意后，进入网页中确认收货。

（9）第三方支付系统将客户账户中的货款划拨到商家账户中。

第三方支付系统将客户账户中的货款转入到商家账户中，完成支付流程。

任务四　银联电子账户

一、个人银联在线支付流程

银联电子支付服务有限公司（Chinapay）是中国银联控股的银行卡专业化服务公司，拥有面向全国的统一支付平台，其专业产品 Onelinkpay 解决了网上银行卡支付的问题。Onelinkpay 主要针对网上支付系统而设计，采用先进的安全数据加密技术，可以为商户提供安全、有效的网络连接，支持多种操作平台和支付工具。支付流程如图 3-6 所示。

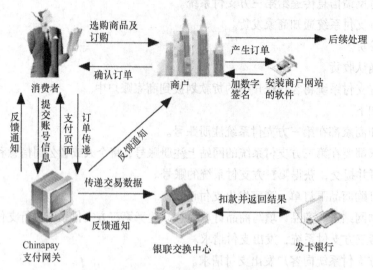

图 3-6　个人银联在线支付流程

（1）消费者浏览网站，选购商品，放入购物车。

（2）商户根据购物车信息，生成电子订单，并调用 Chinapay 支付网关商户端软件对电子订单加上数字签名。

（3）商户将电子订单及订单的数字签名一起传给消费者确认。

（4）消费者确认后，电子订单及订单的数字签名自动传给 Chinapay 支付网关。

（5）支付网关验证该订单的商户身份信息，生成要求支付页面传给消费者，并与消费者浏览器建立 SSL 连接。

（6）消费者输入银行卡账号等信息，通过支付页面将支付信息加密后提交给支付网关。

（7）支付网关验证交易数据后，按照银联交换中心的要求组装消费者交易，并通过硬件加密之后提交给银联交换中心。

（8）银联交换中心根据支付银行卡信息将交易请求传递给消费者发卡银行，银行系统进行扣款后，将交易反馈返回银联交换中心。

（9）银联交换中心将支付结果回传到 Chinapay 支付网关。

（10）支付网关验证交易应答，并进行数字签名，发送给商户和消费者显示反馈结果。

（11）商户接收交易应答报文，并根据交易状态码进行后续处理。

二、企业银联在线支付流程

Chinapay 为企业商务在线支付带来完整而灵活的解决方案。客户只需登录商户网站订购商品或服务，然后单击"Chinapay 企业商务支付"，就可完成整个支付过程。对于客户来说，省去跑银行转账和额外的手续费用，可一次性申请银行的企业网银和商务支付业务进行网上支付。对于商户而言，大大节约了交易成本，规范和简化了交易流程；还可查询交易明细，统计交易数据，查询银行结算单。支付流程如图 3-7 所示。

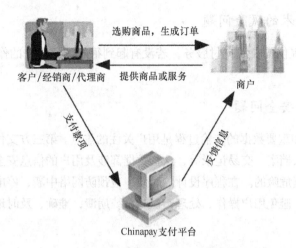

图 3-7　企业银联在线支付流程

（1）客户登录商户网站，订购商品和服务，生成电子订单。确认支付后连接到 Chinapay 支付页面。

（2）客户选择支付银行，Chinapay 平台自动连接到该银行支付页面。客户插入网银证书卡，输入企业用户名和密码。

（3）客户在银行提供的商务支付页面确认订单信息，选择支付账号和支付商户名称。

（4）审核人员登录客户企业网银，根据制定的流程逐级进行审批。

（5）审批完毕，银行划拨资金，支付成功信息返回给 Chinapay 平台，并通知客户企业网银。

（6）Chinapay 平台收到支付成功信息，并将结果反馈给商户。

（7）商户提供商品或服务给客户。

任务五　第三方支付的安全

一、第三方支付的安全问题

第三方支付的安全问题主要有 5 个：①各方身份认证的信用问题；②银行业务的安全问题；③安全保障技术的风险问题；④应用系统的安全问题；⑤第三方支付公司的监管问题。

1. 各方身份认证的信用问题

相互不了解的人在交易中的诚信问题，在网络交易中显得尤为突出。第三方支付的信用问题包含交易双方的诚信和第三方支付系统的真实性问题。

2. 银行业务的安全问题

若利用信用卡进行套现，有第三方支付的"转接"就可以轻松完成。还有一些第三方支付工具具有资金收付功能，更可以成为洗钱的工具。另外，在网上支付中，第三方支付系统作为资金的管家，买方将款项转到第三方支付系统，第三方支付系统须等待买方通知后才能将款项转到卖方账户中。在这一等待的过程中，形成第三方支付系统中的资金沉淀。

3. 安全保障技术的风险问题

第三方支付系统提供的在线支付服务，若没有起到很好的"管"的作用，那么交易就无法完成。

4. 应用系统的安全问题

关键数据的存储和重要数据的传输过程是用户关注的焦点。第三方支付系统拥有庞大的用户数据，用户密码、个人档案，交易记录等，这些数据都涉及用户的信息安全问题，如没有相应的风险防范手段，是极其危险的。在程序设计的时候，应预防网络中断、停电等意外情况，对程序进行精心的容错设计，避免用户操作、处理错误时系统崩溃，准确、及时地给出错误及后续操作提示。

5. 第三方支付公司的监管问题

目前，国内的第三方支付企业不是金融机构，是有限责任公司的性质。一旦出现公司破产等情形，可能导致其他企业的资金链出现问题。对第三方支付的监管配套法规制度不完善，使得监管执法无法到位。因此，这方面的立法滞后，给规范和管理市场、保护各方合法权益带来一定的困难。

二、第三方支付安全的技术保障

第三方支付安全的技术保障主要有五种：交易方自身网络安全保障技术、数据传输安全保障技术、交易用户身份识别与认证、交易方的支付安全、加强资金的监管和风险准备。

1. 交易方自身网络安全保障技术

（1）用户账户管理和网络杀毒技术。

交易双方在进入系统之前须输入账户密码，在获得系统认可后才能在规定的权限内使用系统。使用密码登录技术是最直接的安全防范措施。

（2）防火墙技术。

防火墙的主要功能是加强网络之间的访问控制，防止外部网络用户以非法手段通过外部网络进入内部网络。要进行电子支付，企业不得不把内部网络连接到 Internet 上，这意味着与网上成千上万的计算机建立通路。为了维护企业内部网络和信息的安全，就需要防火墙这一技术手段。

2. 数据传输安全保障技术

数据传输安全保障技术主要体现在数据加密技术，是为提高信息系统及数据的安全性和保密性，防止秘密数据被外部破解所采用的主要技术手段之一。在进行支付的过程中，贸易双方在网络上相互通信，主要的安全威胁来自非法窃听。

3. 交易用户身份识别与认证

身份认证是判别和确认贸易双方真实身份的重要环节，也是电子商务交易过程中最薄弱的环节。数字签名与身份识别技术，以及 CA 认证是主要的身份认证技术。

（1）数字签名。

数字签名的作用是区分真实数据与伪造的、被篡改过的数据。使用加密技术，通过加密函数加密的密文将随着文件的变化而变化，因而可以利用数字签名来鉴别文件在传输过程中是否遭到破坏或者篡改。

（2）CA 认证技术。

在电子交易中，无论是数字时间戳服务还是数字证书的服务，都不是靠贸易双方自己完成的，而需要由一个具有权威性和公正性的第三方来完成。CA 承担网上安全电子贸易认证服务，为贸易的参与方提供了安全保障。

4. 交易方的支付安全

目前有两种支付协议被广泛的采用和应用，一个是 SSL，另一个是 SET。

（1）SSL 协议。

SSL 协议可以提供 Web 上两台机器间的安全通道，它首先要利用认证技术识别各自的身份，在客户机向服务器发出要求建立连接的消息后，SSL 要求服务器向浏览器出示数字证书，客户端验证以后确认合法性。客户端利用加密技术保证通道的保密性，利用数字签名技术保证信息传送的完整性。

（2）SET 协议。

SET 协议是一个复杂的协议，涵盖了信用卡在电子交易中的交易流程以及应用信息的保密和资料的完整以及 CA 认证、数字签名等技术标准。其作用主要是保证付款信息的安全，保证付款过程的安全，保证付款过程遵守相同的协议和格式标准。

5. 加强资金的监管和风险准备

（1）加强资金的监管。

对滞留在第三方支付公司内部的客户资金，通过法规明确其所有权属于客户，严格区分客户自己的资金和第三方支付公司自身的资金，禁止将客户资金用于第三方支付公司的运营或者其他目的。

（2）加强风险准备。

第三方支付公司应建立风险准备制度，以作为防范风险损失的最后防线和生存的保障。在第三方公司不能主动管理风险的情况下，只能由法律规定强制建立风险准备制度。

任务六　支付宝支付

一、支付宝的基本知识

1. 支付宝的概念

支付宝（alipay）（如图 3-8 所示）是支付宝公司针对网上交易而特别推出的安全付款服务，

其运作的实质是以支付宝为信用中介,在买家确认收到商品前,由支付宝替买卖双方暂时保管货款的一种增值服务,专为解决网上安全支付问题。买家确定购物后,先将货款汇到支付宝,支付宝确认收款后通知卖家发货,买家收货并确认满意后,支付宝打款给卖家,完成交易。交易过程中,支付宝作为诚信中立的第三方机构,充分保障货款安全及买卖双方利益。

图 3-8 支付宝

2. 支付宝的功能

支付宝给客户提供的服务如下。

(1)支付款项服务。

① 只要支付宝账户有余额,可直接输入支付密码用余额支付。

② 支付宝卡通。让银行卡与支付宝账户合二为一,无需在付款时再登录网银,只需输入支付密码,即可轻松用银行卡完成支付。

③ 网上银行。可以选择任一银行的网银进行支付。

④ 信用卡。只需在付款时登录相应的网银,即可享受购物乐趣。

⑤ 消费卡。无需开通网银,只要拥有百联 OK 卡就可以给支付宝充值,然后进行网上购物了。

⑥ 网点支付。在中国邮政、连锁便利店的拉卡拉终端、连连支付空中充值店使用现金或银行卡为支付宝充值。

⑦ 货到付款。拍下商品后选择货到付款功能,等待物流公司送货上门后,验货完毕将款项当面支付,轻松完成交易。(仅限部分店铺提供此功能)

(2)转账服务。

① 我要付款。单击“我要付款”按钮,款项立即转到对方支付宝账户中。

② 我要收款。通过支付宝向另一位用户发起的收款产品,只要对方有邮箱就可以发起收款。对方付款后,款项将直接进入你的支付宝账户。

③ 找人代付。在网上购买商品后,可以找别人帮你完成网上付款。

④ 代扣。支付宝根据客户设置的付款理由、付款金额、付款时间等信息,自动帮客户付款。

⑤ 送礼金。只要有对方的邮箱或手机号,立刻就可以送礼金给对方。

⑥ 交房租。只需要房东的邮箱或手机号码,就可以随时随地向房东付房租,方便快捷。

⑦ AA 收款。当朋友在一起聚餐后产生了费用,可以用 AA 收款向与会者发起收款,只需要朋友的名字,就可以轻松创建收款链接,把链接用 QQ、微博、MSN 发出去,即可把款项收回。

(3)生活助手业务。

支付宝可以缴纳水费、电费、煤气费、固定通信等公共事业费用。

(4)短信提醒业务。

客户的账户金额变动超过 100 元时,将收到支付宝发送的免费短信提醒。买家可以在支付宝账户信息变更时,卖家发货、修改交易价格时,收到信息;卖家可以在买家付款时,收到信息。用户还可以定制接收提醒信息项目。

（5）账户管理。

对支付宝账户余额、交易信息等进行集中管理。

二、支付宝的申请

申请支付宝之前需要做的准备工作：进行淘宝账号注册；一张开通网银的银行卡。申请支付宝的两大步骤为：账号设置和实名认证。具体流程如图 3-9～图 3-23 所示。

图 3-9 打开淘宝主页

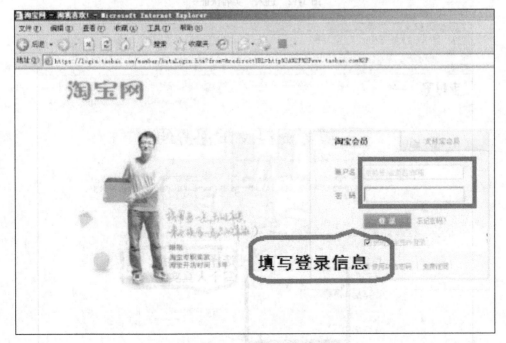

图 3-10 填写登录信息

图 3-11 进入"我的淘宝"

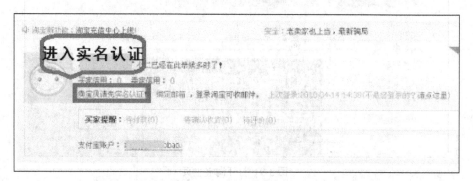

图 3-12 进入"实名认证"

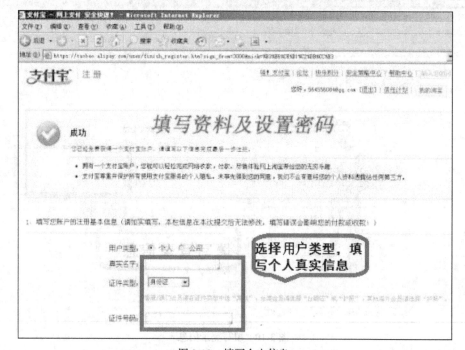

图 3-13 填写个人信息

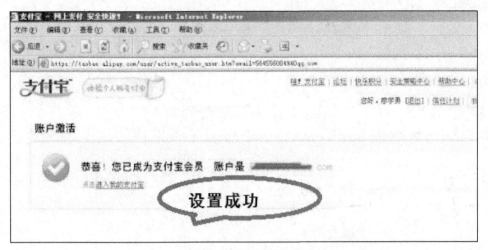

图 3-14　账号设置成功

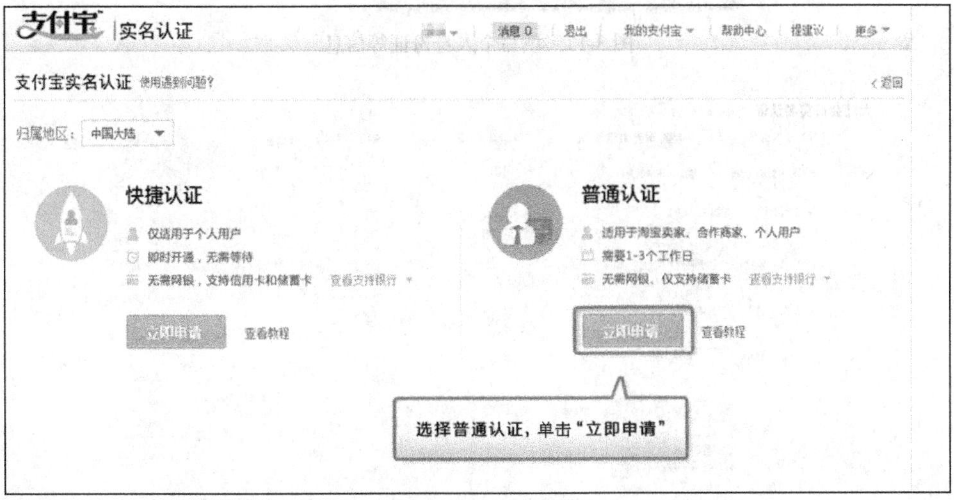

图 3-15　申请普通认证

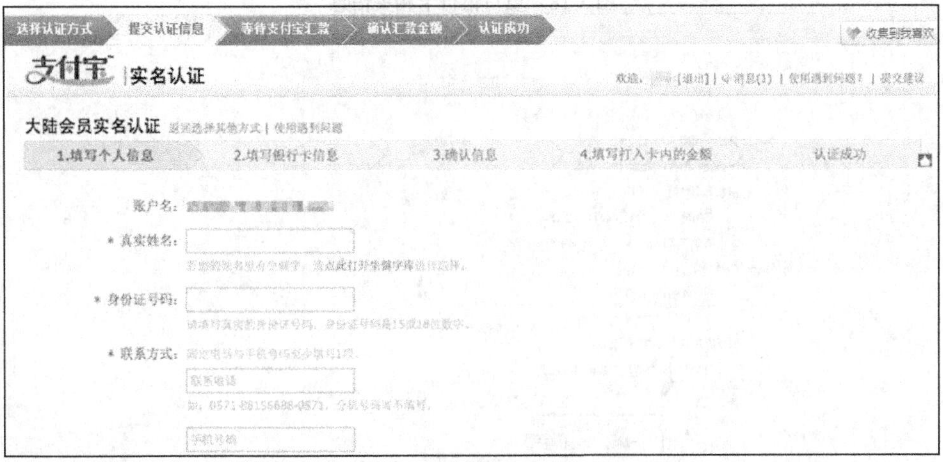

图 3-16　填写实名认证个人信息

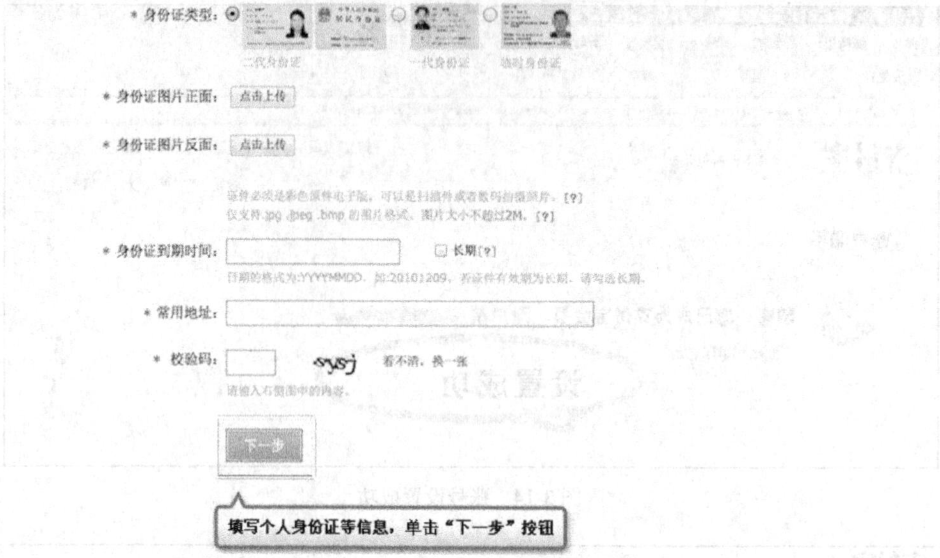

* 身份证类型： 二代身份证   一代身份证   临时身份证

* 身份证图片正面： 点击上传

* 身份证图片反面： 点击上传

证件必须是彩色原件电子版，可以是扫描件或者数码拍摄照片。[?]
仅支持.jpg .jpeg .bmp 的图片格式，图片大小不超过2M。[?]

* 身份证到期时间： [　　　　] □ 长期[?]

日期的格式为:YYYYMMDD，如:20101209，若证件有效期为长期，请选长期。

* 常用地址： [　　　　　　　　　　]

* 校验码： [　　] ✓✓✓j 看不清，换一张

请输入右侧图中的内容。

[下一步]

填写个人身份证等信息，单击"下一步"按钮

图 3-17　填写个人身份证等信息

大陆会员实名认证 返回选择其他方式 | 使用遇到问题

| 1.填写个人信息 | 2.填写银行卡信息 | 3.确认信息 | 4.填写打入卡内的金额 | 认证成功 |

ⓘ 请填写您的银行卡信息，该银行卡仅用于认证您的身份。

* 银行开户名：××× 修改
　　必须使用以×××为开户名的银行卡进行认证。[?]

* 开户银行：----请选择银行---- ▼
　　不支持信用卡和折存进行认证。

* 银行所在城市：更换城市 ▼
　　如果找不到所在城市，可以选您所在地区或者上级城市。

* 银行卡号： [　　　　　　]

支付宝会向您银行卡打入一笔1元以下的确认金额，您需要查询银行卡
的收支明细账单，正确输入这笔金额才能通过认证。

[下一步] 上一步

填写银行卡相关信息，单击"下一步"按钮

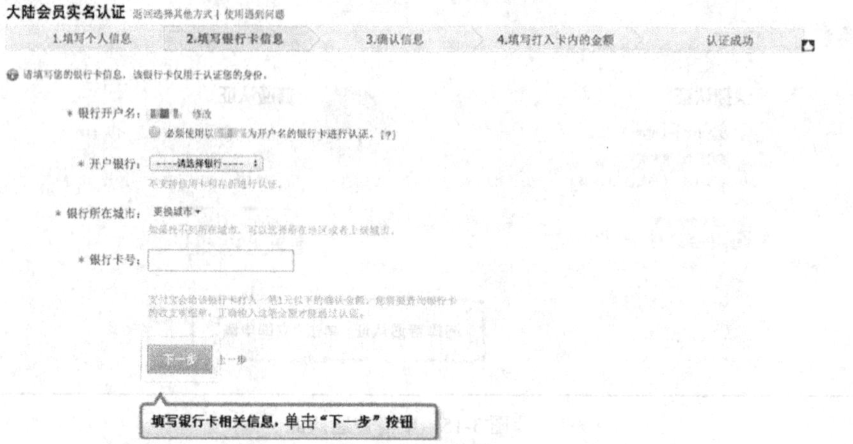

图 3-18　填写银行卡相关信息

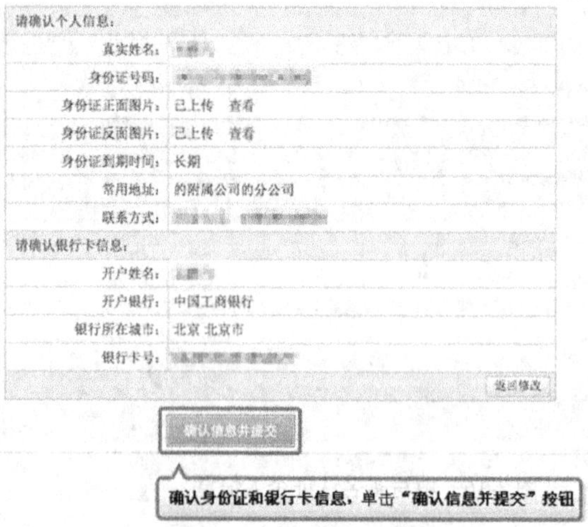

请确认个人信息：
真实姓名：×××
身份证号码：×××
身份证正面图片：已上传 查看
身份证反面图片：已上传 查看
身份证到期时间：长期
常用地址：的附属公司的分公司
联系方式：×××

请确认银行卡信息：
开户姓名：×××
开户银行：中国工商银行
银行所在城市：北京 北京市
银行卡号：×××

[返回修改]

[确认信息并提交]

确认身份证和银行卡信息，单击"确认信息并提交"按钮

图 3-19　确认信息

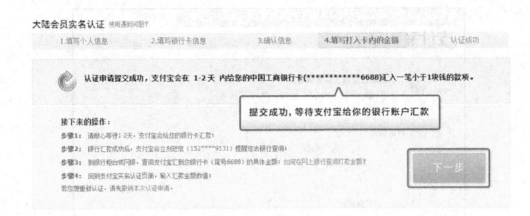

图 3-20　提交成功

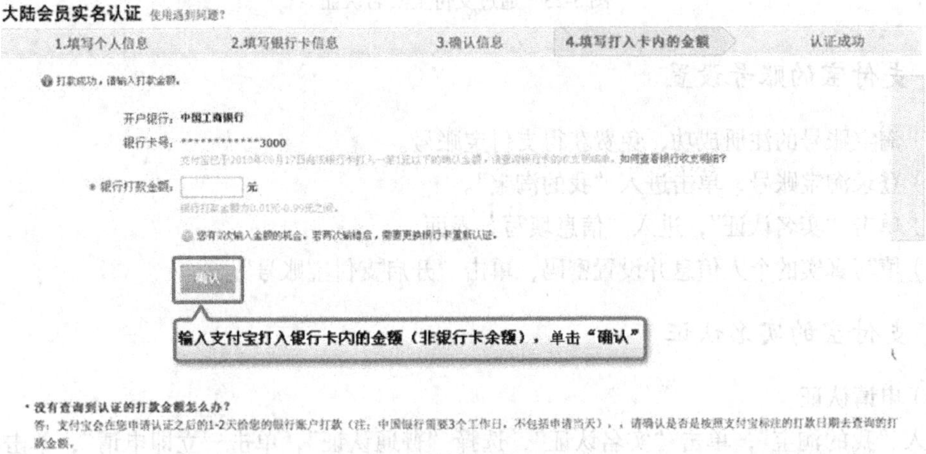

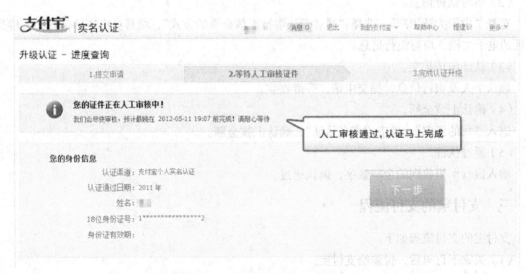

图 3-21　填写打入卡内的金额

图 3-22　等待人工审核证件

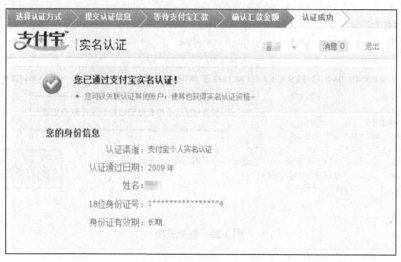

图 3-23　通过支付宝实名认证

1. 支付宝的账号设置

（1）淘宝账号的注册成功，免费获得支付宝账号。

（2）登录淘宝账号，单击进入"我的淘宝"。

（3）单击"实名认证"，进入"信息填写"界面。

（4）填写真实的个人信息并设置密码，单击"开启支付宝账号"。

2. 支付宝的实名认证

（1）申请认证。

进入"我的淘宝"，单击"实名认证"，选择"普通认证"，单击"立即申请"，单击"接受协议"。

（2）填写认证信息。

选择"中国大陆用户"，选择"通过确认银行汇款金额的方式"，填写身份证件信息，上传身份证的电子文档，填写银行信息。

（3）认证申请提交。

确认个人及银行信息，提交申请，等待收款。

（4）确认汇款金额。

进入"我的淘宝"，单击"实名认证"，确认汇款金额。

（5）通过认证。

输入银行卡里收到的金额数字，确认通过。

三、支付宝的支付流程

支付宝的支付流程如下。

（1）买家下订单后，付款给支付宝。

买家在网站浏览网页，选购商品，单击"购买"，填写订单信息包括（邮寄地址、商品购买信息、买家留言等）。单击"付款"，进入支付界面，选择"网上支付方式"，将货款转入支付宝账户。

（2）支付宝通知卖家发货。

支付宝收到买家支付的货款，暂时保管，通知卖家可以发货了。

（3）卖家发货给买家。

卖家收到支付宝发货的通知，就知道买家已经将货款转入支付宝，于是发货给买家。

（4）买家收到货后验货合格，通知支付宝。

商品通过物流公司送达买家手中，买家进行验货，满意后通知支付宝将货款转入卖家支付宝账户。买家如果不满意商品，可以申请退款，支付宝就不将货款转入卖家账户。

（5）支付宝付款给卖家。

支付宝将买家账户中的货款转入卖家支付宝账户。

（6）交易成功。

卖家查询支付宝账户，收到货款。

四、支付宝的支付安全

1. 支付宝的支付安全问题

（1）用户个人及银行信息的安全问题。

（2）支付宝账户资金的安全问题。

（3）支付宝账户管理的安全问题。

2. 支付宝的支付安全措施

（1）支付宝网站采用了先进的 128 位 SSL 加密技术，确保支付宝页面输入的任何信息可以安全地传送。

（2）支付宝账户有两个密码。一个是登录密码，用于查看账户信息等一般操作；另一个是支付密码，在资金流转的时候使用。同时，24 小时内只允许密码输入出错两次；第三次密码输入出错，系统将自动锁定该账户，3 个小时后才自动解锁。

（3）支付宝账户设置有密码保护问题，用户可以设置密码保护问题和答案。如果密码保护问题和答案错误，将无法找回密码。减少注册邮箱的被盗风险，就减少了支付宝账户密码被盗的危险。

（4）支付宝账户设置变动手机短信通知功能。在进行修改密码，使用支付宝余额付款，申请提现等操作的时候，可以收到手机短信通知。如果你收的操作提示非本人操作，就可以及时检查账户，从而保护账户安全。

（5）安装数字证书或支付盾。如果密码被盗了，数字证书可以确保客户账户的资金安全。支付盾是数字证书的升级版，更加安全。

项目实训

实训一 用支付宝完成网上支付

实训题目：使用支付宝余额进行网上支付

实训目的：学会利用支付宝进行网上支付

实训内容、成果及步骤：

一、实训内容

1. 到银行申请一张银行卡并开通网上银行功能。

2. 到淘宝网申请支付宝会员，完成支付宝实名认证。

3. 为支付宝账户充值 50 元，选购商品并进行支付。

4. 使用支付宝余额进行支付，输入金额、支付密码，完成操作。

二、实训成果

学生学用利用支付宝直接购物并进行网上支付，实现足不出户完成购物。

三、实训步骤

步骤一：柜台办理银行卡（略）。

步骤二：申请支付宝会员，完成实名认证。

登录淘宝网站，单击"注册"，填写注册信息、银行卡信息，上传身份证扫描件。

完成提交，等待银行卡转入金额，填写银行卡转入金额，完成实名认证。

步骤三：为支付宝账户充值，下订单购买商品，选择用支付宝余额进行支付，完成支付。

进入"我的淘宝"，进入"支付宝账户管理"，单击"充值"，选择银行，输入金额，转到银行页面输入银行卡账号、密码，完成充值。

浏览网页，选购商品，下订单，选择用支付宝余额支付，输入支付密码，完成支付。

步骤四：撰写实训报告。

实训二　用快钱完成网上支付

实训题目：用快钱完成网上支付

实训目的：通过实训，学会使用快钱完成网上支付

实训内容、成果及步骤：

一、实训内容

1. 到银行申请一张银行卡并开通网上银行功能。

2. 到快钱网站注册快钱个人用户，完成银行卡认证、身份证认证。

3. 给快钱账户充值 10 元，选购商品并进行支付。

4. 使用快钱账户进行支付，进行输入快钱账户、登录密码，输入金额等操作。

二、实训成果

学生学会利用快钱直接购物并进行网上支付，实现足不出户完成购物。

三、实训步骤

步骤一：柜台办理银行卡（略）。

步骤二：申请快钱个人账户，完成银行卡认证。

登录快钱网站，单击"注册"，填写注册信息。

完成提交，登录相关的电子邮箱，激活快钱个人账户，完成注册。

登录快钱个人账户，进入"账户管理"，进行银行账户填写并认证，填写身份证信息并进行认证。

步骤三：给快钱账户充值，下订单购买商品，选择用快钱账户支付，完成支付。

选择银行账户，填写充值的金额，实时到账。

选购商品，下订单，选择用快钱账户支付，输入快钱个人账户、登录密码，输入金额，完成支付。

步骤四：撰写实训报告。

实训报告

实训内容							
实训时间		指导教师		班级		姓名	

实训要点：

实训内容：

实训成果：

问题和收获：

实训完成情况：

指导教师签名：

日　　期：

实训评价

姓名：_____ 评价日期：_____ 小组评价人：_____

评价方式	比例	评价内容	分值	得分
个人评价	15%	对学习任务的兴趣	5	
		利用所学知识解决操作中遇到的问题的能力	10	
小组评价	35%	课堂纪律和学习表现	15	
		能与小组成员互帮互助，互问互答	20	
教师评价	50%	成功完成实验操作	15	
		实训报告内容填写无误	10	
		实训报告内容翔实，反映所学知识	15	
		实训态度和认真程度	10	
		总分		
总评				

案例分析

案例分析一

第三方支付平台套现问题

据中国调查网针对某第三方支付平台的调查，受访对象中 60.2%的网友表示，曾经使用该平台进行套现。56.2%的网友表示通过支付平台，进行信用卡套现无须支付手续费。"套现族"通过第三方支付平台套现的一般流程是，用账户名 A 的信用卡在 B 的网店购入一件商品，款项就转移到了 B 的第三方网络支付账号中；然后再从 B 网络支付账号中，申请把资金提现到捆绑的银行借记卡账户上，B 就实现了银行卡提现。

近年来利用第三方支付平台套现是新发展起来的方式。第三方支付平台的发展是电子商务发展的一个里程碑，它使电子商务、电子支付渗透到人们的日常消费生活中。它可以有效防止卖方欺诈，保护买方账户信息安全，保证网上交易的安全、快捷。据艾瑞咨询统计数据显示：2010 年中国第三方支付交易规模达到 10 105 亿元。但目前，由于缺乏有效的监管，第三方支付平台成为一些信用卡持有人借以进行套现的工具，严重危害了金融秩序的稳定和我国经济的健康发展。

1. 案例功能

（1）学生能正确使用第三方支付平台。

（2）学生深入理解第三方支付平台的功能。

（3）学生能分析现在第三方支付平台存在的问题。

2. 案例任务

谈谈第三方支付平台的功能和套现问题带来的危害。

案例分析二

支付宝防骗案例分析

1. 诱导买家使用支付宝即时到账交易

新手买家在网上找到卖家需要购买商品的时候，有些不良商家会诱导买家通过支付宝即时到账交易先打款，然后才能发货，常用的伎俩是通过先付款价格优惠很大，并且能快速发货，于是买家付款后卖家就消失了，并未发货。

2. 价格太便宜的商品不要轻信

收到一些聊天工具或者邮件，上面表示自己有价格低廉的商品可以出售，但是需要使用银行汇款或者支付宝即时到账付款，等会员付款以后以种种理由拖延发货（其实是为了有时间转移资金），直到后来会员就联系不上那个卖家了。

3. 欺诈电话

接到一个自称是支付宝工作人员的人打来的电话，需要核实会员的支付宝使用情况，借此套取会员支付宝账户的密码信息，之后盗取会员支付宝账户的资金。后来经查询，来电的并不是支付宝公司的电话，是以 0898 开头的电话。

1. 案例功能

（1）学生学会网上购物时防止被骗。

（2）学生能提高自身的网络安全意识。

（3）学生能分辨网络信息真假。

2. 案例任务

面对这样的情况，我们应该怎么防止被骗？

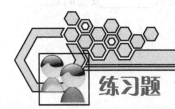

练习题

一、单项选择题

1. 第三方支付，指一些和国内外各大银行签约，并具备一定实力和信誉的第三方独立机构提供与(　　　)支付结算系统接口的交易支持平台的网络支付模式。

    A. 厂家　　　　　　　　　　B. 银行

    C. 客户　　　　　　　　　　D. 商家

2. 第三方支付系统给交易双方提供了（　　　），解决网络交易的信用危机问题。

    A. 信用担保　　　　　　　　B. 资金划拨

    C. 增值服务　　　　　　　　D. 发票

3. 在 B2B 支付网关模式中，买卖双方通过（　　　）完成支付和收款，从而实现网上在线支付。

    A. 第三方支付系统　　　　　B. 银行

    C. 客户　　　　　　　　　　D. 商家

4. 在 B2C 支付网关模式中，卖家等（　　　）发出通知才发货给买家。

    A. 第三方支付系统　B. 银行　　　　　　　C. 买家　　　　　　　　D. 物流

5. 在交易平台型账户支付交易中，第三方支付系统传递支付指令给客户开户银行，同时还进行（　　　）。

    A. 注册　　　　　　B. 身份验证　　　　　C. 发货　　　　　　　　D. 确认订单

6. 客户应按照其（　　　）的协议规定，发起电子支付指令。

    A. 发起行　　　　　B. 接收行　　　　　　C. 中间行　　　　　　　D. 确认

7. 在支付宝的支付过程中，由（　　　）通知卖家发货。

    A. 支付宝　　　　　B. 买家　　　　　　　C. 淘宝店小二　　　　　D. 银行

二、填空题

1. 电子支付方式可分为_____、_____和_____3 大类。

2. 第三方支付系统在交易双方之间建立一个安全、有效、便捷、_____的资金划拨方式。

3. 在支付网关模式下，第三方支付平台扮演着_____的角色。

4. _____把银行和客户连接起来，买卖双方通过第三方支付系统完成网上在线支付。

5. B2C 支付交易中有四个主体参与：消费者、商户、_____、第三方支付系统。

6. 客户订购商品，商家确认_____并通知买家付款。

7. 无交易平台型账户支付交易是指第三方支付系统没有独立交易平台，需要交易双方在第三方支付系统内_____。

8. 个人银联在线支付中有五个主体参与：消费者、商户、_____、支付网关、银联交换中心。

9. 企业银联在线支付中，审核人员登录客户企业网银，根据制定的流程逐级进行_____。

10. 信用卡套现、洗钱以及沉淀资金是属于第三方支付安全问题的_____安全问题。

三、问答题

1. 在我国，第三方支付平台相对于银行有哪些主要优势？

2. 第三方支付系统的功能有哪些？

3. 支付网关模式的特点有哪些？

4. 支付网关的功能有哪些？

5. 我国国内第三方支付产品有哪些？列出四个产品。

6. 第三方支付系统的支付网关模式和交易平台型账户支付模式有什么不同？

7. 我国国内属于无交易平台型账户支付模式的第三方支付产品有哪些？

8. 个人银联在线提供哪些服务？

9. 银联在线给企业用户提供哪些服务？

10. 第三方支付的安全问题有哪些？

项目四

移动支付

　　移动支付所使用的移动终端可以是手机、PDA、移动 PC、移动 POS 机等。移动支付具有方便、快捷、安全、低廉等优点。本项目主要从移动支付的概念出发，详细讲述了移动支付系统的的功能、分类以及四种移动支付运营系统，介绍了远距离支付和近距离支付技术，移动支付的安全问题及技术保障；通过介绍招商银行手机银行的申请和支付操作，进一步讲解移动支付中手机银行的功能和操作方法。

📖 知识目标

1. 了解移动支付的基本概念
2. 掌握移动支付系统的功能、分类和四种移动支付运营系统
3. 了解移动支付中远距离支付和近距离支付技术
4. 了解移动支付的安全问题及技术保障
5. 掌握招商银行手机银行的申请和支付操作

📖 学习要点

1. 移动支付系统的概念和分类
2. 招商银行手机银行的申请和支付操作

📖 学习难点

1. 移动支付的安全问题及技术保障
2. 招商银行手机银行的申请和支付操作

任务一 移动支付系统

一、移动支付系统的功能

1. 移动支付的概念

移动支付论坛（Mobile Payment Forum）认为，移动支付是指进行交易的双方以一定信用额度或一定金额的存款，为了某种货物或者业务，通过移动设备从移动支付服务商处兑换得到代表相同金额的数据，以移动终端为媒介将该数据转移给支付对象，从而清偿消费费用，进行商业交易的支付方式。移动支付所使用的移动终端可以是手机、PDA、移动 PC、移动 POS 机等。移动支付具有方便、快捷、安全、低廉等优点。

2. 手机支付

目前手机是移动支付中使用最普遍的移动设备，利用手机进行支付的支付方式通常称为手机支付。手机支付是依托银行卡丰富的理财功能，充分发挥手机移动性的特点，为广大持卡人、手机用户提供超值个性化金融服务，利用 STK 技术，SIM 卡开发的一个使用手机进行消费的业务。以电子钱包方式支付的各种智能储蓄卡在交通、购物、校园等领域也日益普及，成为移动支付领域的一个重要分支。

3. 手机钱包

手机钱包是以银行卡账户为资金支持，手机为交易工具的一项综合支付业务，手机与钱包的功能合二为一，通过把用户的手机号码与银行卡等支付账户进行绑定，用户可以通过手机短信、语音、WAP、K-Java、USSD 等多种操作方式对绑定账户进行操作，实现手机理财、手机缴费。具体业务包括查缴手机话费、话费充值、个人账务查询、手机订报、购买数字点卡、电子邮箱付费、手机捐款、远程教育、手机投保、公共事业缴费等。

4. 手机银行

手机银行就是通过移动通信网络与移动通信技术将客户的手机连接至银行，实现通过手机界面操作或者发送短信直接完成各种金融理财业务的服务系统，是手机支付的一种实现方式，也是目前移动支付中使用最普遍的一种支付方式。手机银行作为一种结合货币电子化与移动通信的崭新服务，不仅使人们随时随地都可以处理多种金融业务，而且极大地丰富了银行服务的内涵，使银行能以便利、高效而又安全的方式为客户提供传统和创新服务。客户可以利用手机上网进入自己的账户进行账户查询、交易、缴费等操作。

5. 手机钱包和手机银行的差异

（1）手机钱包由移动运营商与银行合资推出，以规避金融政策风险；手机银行由银行联合移动运营商推出，移动运营商为银行提供信息通道，它们之间一般不存在合资关系。

（2）申请手机银行需要更换具有特定银行接口信息的 STK 卡，这容易受到银行的限制，难以进行异地、异行划拨；而手机钱包则不需要更换 STK 卡，受银行的限制较小。

（3）手机钱包需要建立一个额外的移动支付账户，而手机银行只需要原有的银行卡账号。

（4）手机钱包主要用于支付，特别是小额支付；而手机银行可以看做银行服务方式的升级，利用手机银行，用户除了支付，还可以查询账户余额和股票、外汇信息，完成转账、股票交易、外汇交易和其他银行业务。

二、移动支付系统的分类

按照不同的标准，移动支付可以分为不同的类型。

1. 根据交易金额的大小分类

根据交易金额的大小，可以将移动支付分为小额支付和大额支付。

小额支付是指交易额很小的电子商务交易，一般指单笔交易金额小于 10 美元的移动支付业务。小额支付的主要用途是购买移动内容的业务，例如，视频下载、游戏点卡、铃声等的购买。使用移动网络本身的 SIM 卡鉴权机制就可以了。而大额支付是指交易金额较大的支付，即单笔交易额大于 10 美元的支付业务，如在线购物等。对于大额支付，一般需要通过可靠的金融机构来进行交易验证。

安全级别不同是小额支付与大额支付之间最大的区别，两者使用的技术手段也不同。小额支付主要的特点是使用快捷，运作成本低，因此小额支付是目前在世界大多数国家流行的移动支付行为。

2. 根据支付时支付方与受付方是否在同一现场分类

根据支付时支付方与受付方是否在同一现场，可以将移动支付分为近距离支付和远距离支付，或者称为现场支付与远程支付。

近距离支付是指移动终端在近距离内交换信息，不通过移动网络，使用近距离无线通信技术进行支付，主要使用红外线、射频识别、蓝牙等技术。例如使用手机上的红外线或者蓝牙装置在自动贩售机上购买饮料。当前比较热门的就是利用 RFID 或者 NFC 实现一个近距离的安全通信，从而实现移动支付。消费者在购买商品或服务时，即时通过移动设备（主要是手机）向商家进行支付，支付的处理在现场进行，支付完毕，消费者即可得到商品或服务。这种支付方式需要手机终端内置 NFC（近距离通信）芯片并植入账户信息，通过近距离无线通信技术在特定刷卡终端现场校验账户信息并进行扣款支付。

远距离支付主要是基于移动互联网的在线支付方式，通过无线移动网络进行接入的服务。例如通过手机购买彩铃。消费者在购买商品时，实现方式是用短信、WAP 或客户端将支付信息传递到支付平台的后台服务器，支付平台在银行账户中扣除相应的费用，并且向商家发出支付确认信息，商家再向使用者确认，完成交易支付。通常用于网上消费。

3. 根据是否事先指定受付方分类

根据是否事先指定受付方，可以将移动支付分为定向支付和非定向支付。如利用手机完成公用事业费的缴付属于定向支付，而在商场用手机购物则属于非定向支付。

4. 根据支付手段分类

根据支付手段，可以将移动支付分为手机账单支付、预付卡支付（包括储值账号支付）、银行借记卡支付和银行贷记卡支付。

三、移动支付商业运营系统

移动支付属于典型的技术驱动型业务，这类业务成功的基础是建立一个基本成形的价值链和合理的商业运营模式。

1. 移动支付的价值链构成

移动支付的价值链主要由移动设备提供商、移动运营商、金融机构、移动支付服务提供商、商家和消费者等多个环节构成，如图 4-1 所示。

图 4-1　移动支付的价值链构成

（1）移动设备提供商为移动运营机构和消费者提供移动通信设备，并提供移动支付解决方案。移动设备提供商主要为移动支付提供手机终端、无线 POS 终端、无线支付平台计费系统、安全系统等。复杂的移动支付应用将促使市场对新系统设备、新终端、新的应用系统软件的需求增加，所以移动设备提供商是移动支付的积极推动者。

（2）移动运营商的主要任务是通过搭建移动支付服务平台，为移动支付提供安全通信渠道，是连接金融机构、移动支付服务提供商以及商家和用户的桥梁。移动运营商也和金融机构一样掌握着消费者资源。目前，移动运营商能提供语音、短信、无线上网等多种通信方式，并能为不同级别的支付业务提供不同等级的安全服务。

（3）金融机构包括银行、信用卡发卡行等组织，其主要目的是为移动支付平台建立一套完整、灵活的安全体系，从而保证用户支付过程的安全、通畅。在移动支付业务中，结算方主要是银行，用户对银行的依赖程度远高于对商家和移动运营商的依赖。银行掌握了大量的用户资源，拥有较强的还价能力和资金支持。银行可以和移动运营商结合或者自己进行应用开发，提供移动支付业务。

（4）移动支付服务提供商是移动支付平台的拥有者，是银行和移动运营商之间沟通的桥梁，同时为消费者和商家提供交易平台。移动支付平台的主要功能是用户账户管理、安全与认证管理、费用清算管理以及支持各种移动支付的通信手段的管理。目前依托账户支付模式的用户基础而涉足移动支付市场的移动支付服务提供商主要是支付宝和财付通。实际上移动运营商有时也是移动支付服务提供商。

（5）消费者和商家是移动支付服务的最终对象。商家使用第三方支付服务提供商提供的服务向自己的客户收取交易资金。移动支付的商家现阶段主要是通过移动互联网提供虚拟物品和服务的厂商。消费者是移动支付服务的最终使用者，消费者的使用习惯和接受程度是决定移动支付发展的重要因素。

2. 移动支付商业运营模式

在移动支付中，主要的参与者包括金融机构、移动运营商、移动设备提供商、移动支付服务提供商、商家和消费者；提供的主要服务包括新闻信息、定位服务、移动购物、娱乐等；主要的利润来源包括通信费、佣金、交易费等，当然还有各种广告费、提名费。移动支付的商业模式是由移动电子商务交易的参与者相互联系而形成的。因此，大多数移动电子商务的商业模式可以与移动电子商务交易的参与者使用相同的名称，如内容提供商模式、移动商业门户模式等。

（1）内容提供商模式。它的商业模式原型是路透社、交通新闻提供者、股票信息提供者等。采用该模式的企业通过向移动用户提供交通信息、股票交易信息等内容达到赢利的目的，企业通过移动门户或直接向移动用户提供内容服务。

（2）移动门户模式。即企业向移动用户提供个性化的基于位置的服务。该模式的显著特征是，企业提供个性化和本地化的信息服务。

（3）WAP 网关提供商模式。该模式可以看做电子商务中应用程序服务提供商（ASP）模型的一个特例。在该模型中，企业向不愿在 WAP 网关方面投资的企业提供 WAP 网关服务，其收益取决于双方所签订的服务协议。

（4）服务提供商模式。企业直接或通过其他渠道向移动用户提供服务，其他渠道可能是移动门户、WAP 网关提供商或移动网络运营商，而企业所能提供的服务取决于其从内容提供商处获得的内容。

上述参与者和商业模式加上 Internet 电子商务中的参与者和商业模式（如金融机构）结合起来，构成了复杂的移动电子支付的商业运营模式。所谓移动支付商业运营模式，是指移动支付的参与者、服务内容和利润来源通过各种形式的组合。移动支付商业运营的主要模式有以下几种：以金融机构为主导的运营模式、以移动运营商为主导的运营模式、以第三方支付服务提供商为主导的运营模式、银行与移动运营商合作的运营模式。

四、移动支付银行运营系统

1. 移动支付银行运营系统商业模式

在该种运营模式下，银行独立提供移动支付服务，利用其在个人账户管理和支付领域的经验，以及庞大的支付用户群和他们对银行的信任，在消费者和银行之间利用手机，借助移动运营商的通信网络传递支付信息。银行的接入方法是通过专线与移动运营商接入，用户通过银行卡账户进行移动支付，用户也可以将银行账户与手机账户绑定，直接通过语音、短信等形式将货款从消费者银行账户划转到商家银行账户，完成支付。银行以信息服务商的身份出现，为用户提供交易平台和付款途径，不参与支付过程。移动运营商不参与运营管理，只负责提供信息通道。银行独立享有移动支付的用户，并对他们负责。其商业模式如图 4-2 所示。

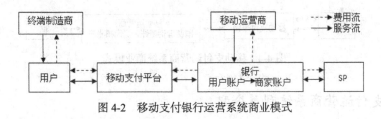

图 4-2　移动支付银行运营系统商业模式

2. 移动支付银行运营系统利益分配

在这种模式中，移动运营商、银行、商家的收益分配方式为：移动运营商收取用户和银行的通信费；用户手机银行账户上的预存金额，可以增加银行存款额度；银行向商家收取平台使用费和利润分成；银行不对用户收取交易手续费，但可能收取金融信息费。在该种运营模式下，银行还可通过降低支付渠道的经营成本（如网点、ATM）、通过移动支付业务激活银行卡的使用，巩固和扩展客户群等，得到更多的收益。用户必须支付三方面的费用：由移动运营商收取的通信费；由银行收取的金融信息费；由银行、移动运营商、支付平台共同平分的服务费用。具体的利益分配模式，如图 4-3 所示。

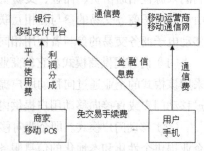

图 4-3 移动支付银行运营系统利益分配

3. 移动支付银行运营系统的特点

在该种运营模式下，各家银行只能为本行用户提供手机银行服务，移动支付业务在银行之间彼此互不兼容；各家银行都要购置自己的设备，通过与移动运营商搭建专线等通信线路实现互联，自建计费与认证系统，同时在各自用户的移动终端中增加 STK，植入银行账户等加密信息，实现移动支付的功能，对终端设备的安全性要求很高。目前一张 STK 卡只能使用同一个银行的账号，用户办理其他银行业务时须购买相应银行的卡，因而会造成较大的资源浪费。

五、移动支付运营商系统

1. 移动支付运营商系统商业模式

这种运营模式以移动运营商为运营主体，是以代收费业务为主的小额支付模式，银行完全不参与。对于移动运营商推出的移动支付业务大多为消费者提供 3 种账户设置方式：手机账户、虚拟银行账户和银行账户。除银行账户外，消费者可以选择手机账户，即账户与手机进行绑定，支付款项将从手机话费中扣除；也可以选择虚拟银行账户，这是一种过渡时期的账户形式，用户开户后可以通过指定方式向移动支付平台存入现金，形成一个只能用于移动支付的虚拟银行账户，账户信息将保留在支付平台本地，支付时金额将从这个虚拟账户中扣除。消费者对其话费账户预先充值，当采用手机支付形式购买商品或服务时，用户所发生的移动支付交易费用全部从话费账户或小额账户中扣减。移动支付运营商系统商业模式如图 4-4 所示。

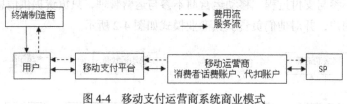

图 4-4 移动支付运营商系统商业模式

2. 移动支付运营商系统利益分配

在这种运营模式下，移动运营商主要从以下几方面获得利益。

（1）服务提供商（即商家）的佣金。

（2）带来基于语音、SMS、WAP 的移动支付业务，增加业务收入。

（3）移动支付业务可以刺激用户产生更多的数据业务需求，同时稳定现有客户，并吸纳新用户。

3. 移动支付运营商系统的特点

在这种运营模式下，移动运营商直接与用户交流，不需要银行参与，技术实现简单；产业链关系比较简单，移动运营商是该产业链中唯一的业务提供者，运营商具有绝对的掌控权。但移动运营商需要承担部分金融机构的责任，如果发生大额交易则不符合国家的有关政策，因其存在无法对非话费类业务出具发票、税务处理复杂等问题，因此一般只能用于小额支付。

六、移动支付第三方运营系统

1. 移动支付第三方运营系统商业模式

这是以第三方移动商务平台为主导的运营模式。第三方支付服务提供商指独立于银行和移动运营商的第三经济实体，具有独立的经营权。利用移动电信的通信网络资源和金融组织的各种支付卡，负责用户银行账户与服务提供商银行账户之间的资金划拨和结算。第三方支付服务提供商可以是银联，也可以是别的手机支付平台，它们需要构建移动支付平台，并与银行相连完成支付；同时充当信用中介，并且为交易承担部分担保责任。货款通过第三方提供的移动支付账号进行划转。以第三方支付服务提供商为主导的移动支付运营模式如图 4-5 所示。

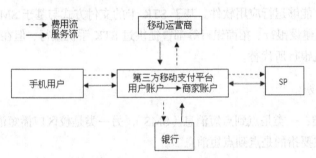

图 4-5　移动支付第三方运营系统商业模式

2. 移动支付第三方运营系统利益分配

在该种模式中，第三方支付服务提供商的利润主要来源于：从移动运营商、银行和商家获取设备和技术使用许可费；从移动运营商、银行和商家收取用户使用移动支付业务的信息交换佣金。

3. 移动支付第三方运营系统的特点

（1）银行、移动运营商、第三方支付服务提供商和商家之间分工明确，责任到位，关系简单。

（2）第三方支付服务提供商发挥着"转接器"的作用，将银行、移动运营商等各利益群体之间错综复杂的关系简单化，将多对多的关系变为多对一的关系，从而大大提高了商务运作的效率。

（3）有利于银行和 SP 之间交叉推广各自的服务。

（4）用户有了多种选择，只要加入到平台中即可实现跨行之间的支付交易。

（5）第三方支付服务提供商可以平衡移动运营商和银行之间的关系，但在无形中为自己增加了处理各种关系的负担，在商务运作上工作量比较大。

（6）对第三方支付服务提供商在技术研发能力、市场推广能力、资金运作能力方面都要求很高。

由于第三方机构缺乏商家和用户基础，也缺乏部署移动支付的条件，必须与移动运营商和金融机构密切合作才有生存空间。针对本模式的支付，在安全方面有三个方面的考虑：移动终端安全、银联传输安全和业务安全管理。

任务二 移动支付远距离支付

一、基于短信方式的支付流程

国内提供基于 SMS 移动支付的典型是中国工商银行，中国工商银行在 2004 年正式在全国范围内推出基于短信方式的手机银行服务，为个人网上银行用户提供增值服务。

在以金融机构为主导的移动支付运营模式中，用户必须将手机原有的 SIM 卡换成 STK（SIM Tool Kit，用户识别应用工具）卡，STK 卡与 SIM 卡一样都能够在普通手机上使用，但是 STK 卡具有更高的存储量，能够运行应用软件。基于 STK 卡的支付方式与基于 SMS 的移动支付流程相似。中国银行、中国建设银行、招商银行等都曾提供过 STK 手机银行，但在随后的发展中，多数都被其他类型的手机银行所代替。

1. 短消息业务

短消息分为两类：一类是点到点短消息（SMS），另一类是校区广播短消息（CBS），一般意义上提到的短消息主要指的是点到点短消息。

短消息（Short Message Service，SMS）业务是一种在数字终端上发送或接收长达 140B 的字符消息，并具有存储和转发功能的服务。短消息并不是直接从发送人发送到接收人，而是始终通过 SMS 中心进行转发。如果接收人处于未连接状态（可能电话已关闭或超出服务范围），则消息将在接收人再次连接时发送。

点对点短消息既是一种基本电信业务，又可以作为信息服务业务的数据传输载体提供增值业务，如信息点播服务及远程数据操作业务。由于短消息需在短消息中心存储转发，所以实时性较弱。

短消息业务以较低的延迟支持国际漫游，因此特别适合多用户寻呼、E-mail、语音邮件通知和消息类业务等应用，但具体提供给用户的各种功能和相应的收费在很大程度上仍依赖于网络运营商所提供的服务水平。已经有大量的应用可以使用计算机来接收和发送短消息。

2. 基于 SMS 的移动支付流程

主要采用的是点到点短消息模式，这种方式在欧洲和亚洲广泛使用。基于 SMS 支付方式的支付流程如图 4-6 所示。

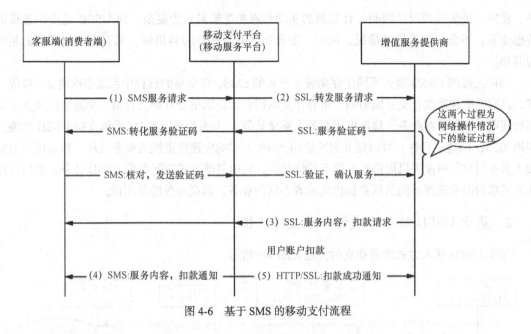

图4-6 基于 SMS 的移动支付流程

（1）用户通过短消息形式向移动支付平台请求内容服务。

（2）移动支付平台收到请求内容后认证用户的合法性及账户余额，如果合法则向增值服务提供商请求内容，不合法则返回相应错误信息。

（3）增值服务提供商收到移动支付平台的内容请求后，认证移动支付平台的合法性，如果合法，则增值服务提供商发送请求的内容给移动支付平台，否则返回相应错误信息。

（4）移动支付平台从用户的账户中扣除相应费用，然后把收到的内容转发给用户，同时告诉用户付款结果。

（5）移动支付平台通知增值服务提供商转账成功。

在 SMS 系统中，费用从用户的话费中扣除，账户的处理由移动支付平台来完成，银行不参与，因此 SMS 系统仅适合于小额的信息服务。SMS 方式移动支付的安全性主要由短消息的安全性决定。这种方式的优点是费用低廉、节省成本，符合手机使用群体以低成本享受高质量服务的期望。

二、基于 USSD 方式的支付流程

1. USSD 简介

USSD（Unstructured Supplementary Services Data，非结构化补充业务数据）是基于 900/1800MHz 数字蜂窝移动网络的一种应用，遵循 GSM 02.90，GSM 03.90，GSM 04.90 标准。USSD 第一阶段规范只支持移动台发起的 USSD 操作，且只支持一次交互，因此只适合简单的业务；第二阶段规范引入了对网络发起的 USSD 操作的支持，允许移动平台与网络间的持续会话。它是一种面向连接的基于会话的数据业务，在使用上与 SMS 非常类似。用户可以在移动终端上按照规定的格式编辑 USSD 字符串，然后发起 USSD 请求。

USSD 是继短消息业务后在 GSM 移动通信网络上推出的又一新型增值业务。USSD 业务与 SMS 的主要区别在于，SMS 采用的是存储转发方式，因此，同一会话中的短信序列可能会出现乱

序、重发、丢失等情况，因而，计数器的实现和判断逻辑都较为复杂。而 USSD 是面向连接的数据业务，不会出现乱序的情况，同时，配合通信双方的计时器机制，其安全性的实现机制较为简单。

面向连接的 USSD 服务不同于存储转发方式的 SMS，在交易的过程中无需多次建立、释放连接，具有响应速度快、交互能力强、可靠性高的特点，特别适合开展支付型、交易型的业务（如银行转账、股票彩票业务、移动电子商务小额交易等），大多数普通 GSM 手机支持 USSD 功能。利用 USSD 的这一特性，可以建立起比使用 SMS 方式响应速度更快的业务菜单。移动用户只需接入服务门户，可使手机用户在不换卡的情况下，采用菜单方式访问各项 USSD 业务，然后按照业务菜单的提示选择不同的服务提供商或者不同的业务，提高业务的易用性。

2. 基于 USSD 接入方式的移动支付流程

基于 USSD 接入方式的移动支付流程如图 4-7 所示。

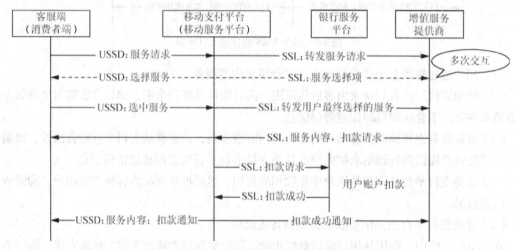

图 4-7 基于 USSD 接入方式的移动支付流程

三、基于 WAP 方式的支付流程

1. WAP 简介

WAP（Wireless Application Protocol，无线应用协议）是在数字移动电话、Internet 及其他个人数字助理机 PDA、计算机应用之间进行通信的开放性全球标准，由一系列协议组成，用来实现无线通信设备的标准化。WAP 将移动网络和 Internet 以及企业的局域网紧密地联系起来，提供了一种与网络类型、运营商和终端设备都独立的、无地域限制的移动增值业务。WAP 服务是一种手机直接上网，通过手机 WAP "浏览器" 浏览 WAP 站点的服务，可享受新闻浏览、股票查询、邮件收发、在线游戏、聊天等多种应用服务。通过这种技术，无论用户身在何地、何时，只要通过WAP 手机，即可享受无穷无尽的网上信息资源。

2. WAP 安全机制

WAP 环境的安全机制包括 WIM、WIMScript、WTLS 和 WPKI 4 个安全标准。

（1）WIM。WIM（WAP Identity Module）是安装在 WAP 设备里的微处理器芯片，是一种无法被篡改的装置，能够存放和处理使用者的身份认证信息（密钥或数位凭证），WIM 通常使用智能卡实现。

（2）WIM Script。WIM Script（WIM Script Crypto API）是 WIM Script Lib 提供的应用编程接口，包含密钥产生、数字签名，以及处理一些常用的 PKI 对象的函数。

（3）WTLS。WTLS（Wireless Transport Layer Security）是基于互联网中的 TLS 的传输层安全协议，类似全球资讯网站所采用的 SSL 加密传输技术。WTLS 能够实现对通信参与方的认证，确保资料在传输的过程中进过编码、加密处理后保证数据的完整性。WTLS 针对无线设备通信的低带宽特性进行了优化，因此不再需要在 WAP 闸道做信息的加解密钥让端对端的安全性得到保障。

（4）WPKI。WPKI（Wireless Application Protocol PKI）即"无线公开密钥体系"，它是将互联网电子商务中的 PKI 安全机制引入到无线网络环境中的一套遵循既定标准的密钥及证书管理平台体系，它可以用来管理在移动网络环境中使用的公开密钥和数字证书，有效地建立安全和值得信赖的无线网络环境。WPKI 并不是一个全新的 PKI 标准，它是传统的 PKI 技术应用于无线环境的优化扩展。它同样采用证书来管理公钥，通过第三方的可信任机构——认证中心（CA）验证用户的身份，从而实现信息的安全传输。

3. WAP 移动接入方式的支付流程

WAP 移动支付接入方式的支付流程如图 4-8 所示，从移动客户端开始，经过商家、支付网关并最后到达银行端；银行经过验证、处理后，向商家及移动终端发出反馈，说明本次交易状态。其中银行与商家不进行直接通信，而是通过商家在银行注册的支付网关进行转发；对于移动终端，则由银行向其发送签名消息来完成通知过程。

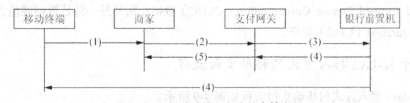

图 4-8　WAP 移动接入方式的支付流程

具体而言，WAP 移动接入方式的支付流程可以分为 5 个阶段。与有线交易不同的是，移动客户在整个交易过程中并不是一直处于连接状态，移动终端向商家提供订购信息后便断开网络连接，等待从银行发来的支付确认签名短信。这种做法有效地节约了无线网络的带宽，也为客户节省了开支，是目前一种可取的办法。

交易过程从移动终端用户开始，可能有以下两种情况。

（1）网上购物。客户从商家主页获取商品信息并进行选购，当商家发回确认信息后，再由客户生成交易数据。

（2）直接支付。客户不需要浏览商家网站，而只是进行一种简单的支付行为。

不论哪种情况，真正的支付流程以商家向客户端发送支付确认为标志，以上述直接支付情况为例，支付流程图（如图 4-8 所示）的各步骤具体含义如下。

（1）客户端移动设备访问商家服务器，并与商家 WAP 网关建立安全连接。

（2）商家提供未支付的交易查询，保证客户能够通过交易序列号查询出本次交易所需支付的金额。

（3）商家向支付平台发出连接请求，支付平台收到请求后向其发送自己的数字证书。

（4）银行前置机根据支付平台传过来的支付请求信息生成本行内部使用的命令，操作内部数据库，完成转账过程。

（5）支付结果反馈。完整的反馈过程由银行端发起，银行端会同时向支付平台及客户端发送支付确认消息。

四、基于 K-Java 方式的支付流程

国内提供 K-Java 方式手机银行服务的典型代表是兴业银行和工商银行上海分行。兴业银行 K-Java 手机银行提供的服务主要包含两大类：外汇和银证。与基于短信方式的手机银行相比，基于 K-Java 方式的手机银行界面更友好，输入/输出更方便，网络传输更快；而与基于 WAP 方式的手机银行相比，则存在必须先下载客户端的劣势。

1. K-Java 及其规范

K-Java 即 J2ME（Java To Micro Edition），是 Sun 公司开发的专门用于嵌入式设备的 Java 软件。利用 K-Java 编程语言为手机开发应用程序，可以为手机用户提供游戏、个人信息处理、电子地图、股票等服务程序。J2ME 致力于提供消费产品和嵌入式设备的最佳解决方案，遵循"对于各种不同的装置而造出一个单一的开发系统是没有意义的事"这个基本原则，将所有的嵌入式装置大体上区分为两种：一种是运算功能有限、电力供应也有限的嵌入式装置（如 PDA、手机等）；另外一种是运算能力相对较佳并且在电力供应上相对比较充足的嵌入式装置（如冷气机、电冰箱等）。针对这两种嵌入式设备引入了两种规范：把上述运算功能有限、电力有限的嵌入式装置规范为 Connected Limited Device Configuration（CLDC）规格；而另外一种装置则规范为 Connected Device Configuration（CDC）规格。

2. 基于 K-Java 接入方式的移动支付流程

基于 K-Java 接入方式的移动支付流程如图 4-9 所示。

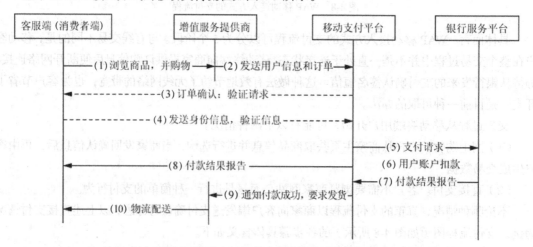

图 4-9　基于 K-Java 接入方式的移动支付流程

（1）用户挑选商品后，由商家服务人员录入所买商品的详细信息，并按固定格式形成订单。用户核对完订单后告诉服务人员手持设备的号码。

（2）商家对该订单和手持设备（如手机号）加密、签名后，通过安全 Internet 通道（SSL）发送给移动支付平台。

（3）移动支付平台收到消息后确认消息的来源，如果消息确实来自指定商家则对消息进行处理（如加密签名）后发送给移动用户。

（4）用户收到移动支付平台发来的消息后，进行验证，输入 PIN 码，同意使用移动支付系统，然后确认所买的商品、消费额、商家标识及消息来源，如果消息正确，则同意支付。消息处理后传送给移动支付平台。

（5）移动支付平台确认消息正确后向银行发起转账请求。

（6）银行处理支付。

（7）移动支付平台收到转账成功的消息。

（8）用户收到电子发票或收据。

（9）商家收到支付成功的通知。

（10）商家为客户提供服务。

任务三　移动支付近距离支付技术

一、红外线支付流程

红外线（Infrared Rays）是一种光线，是波长为 750nm～1mm 的电磁波，由于它的波长比红色光（750nm）还长，超出了人眼可以识别的（可见光）范围，所以是不可见光线。

红外线是目前比较成熟的一种非接触式移动支付技术。红外线传输是一种点对点的无线传输方式，传输对象间不能离得太远，要对准方向，且中间不能有障碍物，几乎无法控制信息传输的进度。IrDA 成立于 1993 年，是非营利性组织，致力于建立红外线无线传播连接的国际标准，目前在全球拥有 160 个会员。IrDA 使用的是 980nm 红外频段，接收角度为 120 度，传输距离为定向 1m，速率最高可达 16Mbit/s。目前红外线应用于移动支付主要是在日本和韩国。

早在 2002 年 7 月，韩国的 HarexInfoTech 已开始对基于红外线非接触式移动支付系统进行测试，该系统名为 ZOOP，用户可以通过手机中的"手机钱包"进行支付，具体的支付流程如图 4-10 所示。

图 4-10　红外线支付流程

红外线支付的最大问题在于存在视距角度问题。也就是说，两个具有红外线端口的设备传输数据时，中间不能有阻挡物；这在两个设备之间是容易实现的，但在多个设备间就必须彼此调整位置和角度。

二、蓝牙支付流程

蓝牙技术（Bluetooth）是一种短距离无线通信技术，利用蓝牙技术，能够有效地简化掌上电脑、笔记本电脑和移动电话手机等移动通信终端设备之间的通信，也能够成功地简化以上这些设备与 Internet 之间的通信，从而使这些现代通信设备与互联网之间的数据传输变得更加迅速、高效，为无线通信拓宽道路，使得各种信息化的移动便携设备都能无缝地实现资源共享。蓝牙技术是由爱立信、诺基亚、东芝、IBM 和英特尔等五家世界知名大公司在 1998 年联合推出的一项无线网络技术，以 WLAN 的 IEEE 802.11 标准技术为基础，采用分散式网络结构以及快跳频和短包技术，支持点对点及点对多点通信，使用全球通用的 2.45GHz 无线频带。其数据速率为 1Mbps。采用时分双工传输方案实现全双工传输。系统设计通信距离为 10cm～10m，如增大发射功率，其距离可长达 100m。

近年来，世界上一些权威的标准化组织，也都在关注蓝牙技术标准的制定和发展。越来越多的设备厂商和驱动厂商支持蓝牙，蓝牙已逐渐成为较为普及的一种无线近距离通信技术。在短距离技术应用方面，蓝牙技术正逐步超越红外技术，成为手机中的主要传输技术。

2001 年，爱立信与 EurocardAB 在瑞典开始测试基于蓝牙的移动支付系统，具有蓝牙支付功能的手机与 Eurocard 账号进行了绑定，其交易流程如图 4-11 所示。

图 4-11　蓝牙支付流程

蓝牙技术最大的障碍是过于昂贵，突出表现在芯片大小和价格难以下调、抗干扰能力不强、传输距离太短和信息安全等问题。其次，蓝牙传输层协议的缺点是不便于用户对设备之间的初始链路进行设置。

三、RFID 支付流程

RFID（Radio Frequency Identification）即射频识别技术，是 20 世纪 90 年代开始兴起的一种自动识别技术，通过特定频率的射频信号自动识别目标对象并获取相关数据。与传统识别方式相比，RFID 技术无需直接接触、无需光学可视、无需人工干预即可完成信息输入和处理，操作方便、快捷。

目前，RFID 技术正在取代蓝牙、红外线等技术成为非接触式移动支付的主流技术标准。基于 RFID 的非接触式移动支付，只要在手机上加装 RFID 芯片，就可以在拥有 RFID 终端的商家进行类似交通一卡通模式的消费。

目前近距离移动支付中的典型代表是 NFC（近距离通信技术），它是近几年飞速发展起来的一项新兴技术，由飞利浦、诺基亚、索尼等著名厂商开发。它由 RFID 技术及互联技术融合演变而来，在单一芯片上结合感应式读卡器、感应式卡片和点对点的功能，能在短距离内与兼容设备进行识别和数据交换。NFC 支付流程如图 4-12 所示。

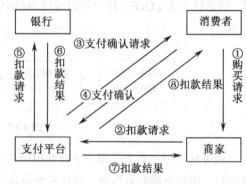

图 4-12　RFID 支付流程

1. 消费者选择商品，将购买指令发送到商家管理系统。

2. 商家将购买及扣款指令发送到移动支付平台。

3. 移动支付平台将支付确认请求指令发送到消费者前台消费系统或消费者手机上请求确认，如果没有得到确认信息，则拒绝交易，购买过程到此结束。

4. 消费者通过消费者前台消费系统或手机将支付确认指令发送到支付平台。

5. 移动支付平台将消费者支付确认指令转发给银行管理系统，请求扣款操作。

6. 银行管理系统负责鉴权和扣款，并将扣款结果信息传递给支付平台。

7. 支付平台通知商家管理系统可以交付产品或服务，并保留交易记录。

8. 支付平台将扣款结果传递给消费者，并将交易明细写入消费者前台消费系统，以便消费者查询。

任务四　移动支付的安全

一、移动支付的安全问题

1. 移动支付安全问题

移动支付涉及支付用户资金的安全和相关信息的保密等问题，开展移动支付要面对来自移动通信系统和互联网的安全风险，这给移动支付提出了更高的安全要求。

移动支付面临的安全问题有移动终端安全、银联传输安全、业务安全管理。具体而言，主要包括以下问题。

（1）窃听。

窃听是最简单的获取非加密网络信息的形式，这种方式可以同样应用于无线网络。攻击者可以通过无线窃听数据流，获取用户的隐私信息，甚至通过监测无线接口上信息的时间、频率、长度、来源和目的地等破解支付协议中的秘密信息，非法获得某些资源的访问权。

（2）重传交易信息。

攻击者截获传输中的交易信息，并把交易信息多次传送给服务网络。多次重复传送的信息有可能给支付方或接收方带来损失。

（3）终端窃取与假冒。

移动终端的便携性导致其很容易丢失，同时也是被盗的主要对象。任何得到移动终端的人都能够像所有者一样任意地查看其中存储的所有内容，包括隐私信息。攻击者有可能通过移动终端中的 SIM 卡来假冒合法用户，从而非法参与支付活动，给交易双方造成损失。通过本地和远程写卡方式，攻击者还有可能修改、插入或删除存储在终端上的应用软件和数据，从而破坏终端的物理或逻辑控制。

（4）非授权人攻击。

攻击者设法使用户和服务提供商间的通信变成由攻击者转发，那么该非授权人就可完全控制移动支付的过程，并从中非法牟利。

（5）交易抵赖。

用户可能对发出的支付行为进行否认，也可能对花费的费用及业务资料来源进行否认。随着开放程度的加强，来自服务提供商的抵赖的可能性也会有所增加。

（6）拒绝服务。

破坏服务网络，使得系统丧失服务功能，影响移动支付的正常运行，阻止用户发起或接受相关的支付行为。

2. 移动支付安全需求

移动支付服务提供商应对支付本身、支付所涉及的内容进行恰当的保护。移动支付中的安全指确保交易双方的合法权益不受非法攻击者的侵害。通常，移动支付应满足下面几个方面的安全需求。

（1）数据的机密性。

机密性是指防止合法或隐私数据为非法用户所获得，即在移动支付过程中，即使非法用户获得用户的交易信息也无法知晓信息内容，从而无法使用。防止合法或隐私数据为非法用户所获得，通常使用加密手段实现，从而确保在交易过程中只有交易的双方才能知道交易的内容。

（2）数据的完整性。

完整性是指维护信息的一致性，即移动支付的交易信息在生成、传输、储存和使用过程中确保交易他方或非法入侵者不能对交易的内容进行非授权篡改。

（3）数据的不可抵赖性。

不可抵赖性是指移动支付交易双方在交易后不能否认曾对交易信息进行的生成、签发、接受等行为。

（4）数据的可认证性。

移动支付应提供完备的身份认证功能，确保交易各方是可以信任的，以防止欺诈行为的产生。

（5）数据的可用性。

可用性是指保障交易信息资源随时可提供服务的特性，即移动支付各方的授权用户可以随时访问所需交易信息。

二、移动支付安全的技术保障

为解决移动支付面临的安全问题，满足移动支付安全需求，从管理上来说，一般采用限额控制（即设定一定的支付限额）和签约机制（如部分银行客户在享受手机银行服务时需与银行签订服务协议）；从技术上来说，一般采用访问控制技术使支付中的交易信息不被非法用户获取和篡改，采用身份认证技术实现对交易各方的身份认证，采用数字签名技术实现信息的保密等。与一般的网络传输相比，移动支付安全在身份认证技术和数字签名技术上具有新的特点。

1. 移动支付身份认证技术

在移动电子商务中，每一次交易活动都会涉及不少于两个交易实体之间的对话，所以移动支付安全性的一个关键方面就是能否对交易实体的身份进行认证。

（1）移动支付身份认证体制的要求。

一个安全的身份认证体制至少需要满足下列要求。

① 互相认证性：服务提供者和用户的相互认证。

② 可确认性：已定的接收者能够校验和证实信息的合法性、真实性和完整性。

③ 不可否认性：消息的发送者对所发的消息不能抵赖，有时也要求消息的接收者不能否认所收到的消息。

④ 不可伪造性：除了合法的消息发送者之外，其他人不能伪造合法的消息。

为了满足上述安全需求，身份认证体制往往需要引入可信的第三方。这样，身份认证主要由用户实体、提供信息服务的网络和可信的第三方 3 个方面组成。对于传统应用领域，如有线电子商务，认证体制往往采用认证中心（CA）作为可信的第三方来发放和管理数字证书。数字证书是一种数字信息附加物，由证书权威机构颁发，该证书证明发送者的身份并提供加密密钥。PKI（Public Key Infrastructure）提供了与加密和数字证书相关的一系列技术，成为有线电子商务等领域身份认证或访问控制安全模块的首选。

移动支付应用领域的身份认证技术因为移动环境和移动终端的特殊性而对技术提出了更高的要求。在无线通信环境下，PKI 无法实现无线终端和有线设备之间的互通，同时，移动终端计算能力非常有限以及数据流速率低的特点，也使得传统的 PKI 体制无法成为移动安全支付的合理解决方案。WPKI（Wireless Public Key Infrastructure，无线公钥基础设施），即无线 PKI，是 PKI 结合移动环境特点的产物。WPKI 的出现和发展，为解决移动安全支付的身份认证问题提供了合适的选择。

（2）无线公钥基础设施技术。

WPKI 并不是一个全新的 PKI 标准，它是传统的 PKI 技术应用于无线环境的优化扩展。它采用证书管理公钥，通过第三方可信机构——认证中心（CA）验证用户的身份，从而实现信息的安全传输。

在移动支付过程中，存在着无线网络和有线网络之间的连接问题。无线应用协议（WAP）解决了这个连接问题，但在其实现过程中需要 WPKI 的支持。

WPKI 的工作流程主要包括两个部分，一是完成 WPKI 证书的发放，二是实现 WAP 的安全连接。

① 用户向注册中心（RA）提交证书申请。

② RA 对用户的申请进行审查，审查合格将申请发给认证中心（CA）。

③ CA 为用户生成一对密钥并制作证书，将证书交给 RA。

④ CA 同时将证书发布到证书目录中，供有线网络用户查询。

⑤ RA 保存用户的证书，针对每一份证书产生一个证书 URL，将该 URL 发送给移动终端。

⑥ 有线网络服务器下载证书列表备用。

⑦ 移动终端和 WAP 网关利用 CA 颁发的证书建立安全连接。

⑧ WAP 网关与有线网络服务器建立连接，实现移动终端和有线网络服务器安全信息传送。

2. 移动支付数字签名技术

在移动支付应用领域，移动支付所需要采用的数字签名技术除了需要满足数字签名的基本条件之外，还需要结合移动支付中移动终端计算能力和存储能力弱的特点，选取更加合适的公钥密码算法。椭圆曲线密码体制算法正好能满足这些要求。椭圆曲线数字签名协议的实现过程包括两个主要步骤：密钥的产生，签名的生成与确认。

任务五 招商银行手机银行支付

一、招商银行手机银行的功能

招商银行手机银行 WAP 版提供了可靠、便捷的金融服务，界面简洁，适用性较广，流量较小，能够覆盖目前大部分手机。

手机银行 WAP 版是招商银行基于 WAP1.1 协议开发的，通过互联网为广大手机客户提供全天候银行金融服务的自助理财系统，为用户提供更简洁的界面、更省流量的使用方式和同样齐全的功能；适用于目前大部分手机，包括低端、中端和高端手机。推荐目前无法使用网页版的手机或者要求数据传输流量较小的手机用户选择使用。

系统特点：界面简洁，适用性较广，流量较小。

涵盖一卡通和信用卡的常用金融服务功能，具体如下。

（1）账户管理：一卡通、信用卡账户查询、交易查询、密码管理、挂失、ATM/POS 限额修改等。

（2）自助转账：转入一卡通、信用卡、存折、他行账户，定活互转、银证转账、通知存款转账等。

（3）投资管理：基金交易、基金查询、基金账号、理财专户、电子合同、证券行情、银证转账。

（4）信用卡管理：信用卡额度管理、交易明细查询、还款设置、积分管理等。

（5）一卡通、信用卡自助缴费：缴手机费、电话费等其他费用。

二、招商银行手机银行的申请

要成为招商银行手机银行 WAP 版的客户，需要满足以下两个条件。

1. 在招商银行办理一卡通或信用卡个人卡

"一卡通"是招商银行发行的，以真实姓名开户的个人理财基本账户，它集定活期、多储种、多币种、多功能于一卡，多次被评为"消费者喜爱的银行卡品牌"。招商银行客户也可以注册为招行"一网通"用户，可以直接使用手机一网通登录。"一网通"用户是招行一网通系列网站、社区、各专业系统联合推出的一种新型用户模式。"一网通"用户可关联多张招商银行卡及存折，关联卡折个数不限。"一网通"用户一经注册，就可在一网通全系统中通行使用，包括招行手机银行、优惠信息、便利金融、网点查询、产品超市、商旅预订、实时金融信息、金融资讯、今日招行、客户服务等招商银行网上银行所有功能，无需在各系统中再次分别注册。登录时只需输入"一网通"用户的"网银密码"，即可管理所有关联卡。注册了"一网通"用户，原有银行卡、存折登录方式仍有效。

2. 手机支持 WAP 1.1 或更高版本的 WAP 协议

满足上述条件的客户无须注册，用手机上网，输入网址 https://mobile.cmbchina.com，进入版本入口，选择"手机银行 WAP 版"。

如果用户使用手机银行做转账汇款业务，需要先通过招行专业版开通自主转账协议，进入专业版后选择"功能申请"—"本人自助转账协议管理"或"第三方自助转账协议管理"开通自助转账协议，或者到招行各营业网点签订协议。手机银行转账汇款费用，按招商银行普通转账汇款手续费标准收取。

使用招商银行手机银行，用户仅需要向移动运营商支付访问手机银行所产生的网络流量费用。除此之外，招商银行不收取任何其他服务费用。

三、招商银行手机银行的支付流程

招商银行手机银行的使用非常简便，使用流程如下。

1. 客户设置手机以支持 WAP 上网

（1）确认手机支持 WAP 上网功能。

可以通过以下方式来确认手机是否支持 WAP 上网功能。

① 查看手机上是否有浏览器的相应菜单选项。

② 查阅购机时附带的产品说明书。

③ 访问手机生产商官方网站，查询手机规格说明。

（2）设置手机上网参数。

一般手机在出厂时均已设置好上网参数，不需要再自行设置。如果手机没有默认设定上网连接参数，需要为手机浏览器新建一个连接并设定连接参数。GPRS 上网参数应按以下方式设置。

① 主页：招商银行（http://www.cmbchina.com）。

② 网关（代理服务器）地址：10.0.0.172。

③ 网关（代理服务器）端口号：80 或 9201 或 9202 或 9203（各手机型号可能不同，要选择不同的支持安全连接的端口号）。

④ 用户名和密码为空。

（3）开通手机上网服务。

一般情况下，客户不需要主动申请手机上网服务，移动运营商会自动开通。如果客户设置了上网参数仍无法上网，或者需要更改计费类型，可以直接与运营商联系。

（4）确认手机能正常上网。

可以选择手机浏览器的主页菜单，或直接输入运营商门户网站地址，如果能正常显示网页，说明手机已能正常上网。如果不能上网，可以直接与运营商联系。

如果手机可以上网，却无法访问招商银行手机银行，则有可能是手机不支持 WTLS 安全协议，也有可能是设置的上网参数不正确，可以尝试将网关（代理服务器）端口号改为 80 或 9201 或 9202 或 9203。

如果在登录页面看不到验证码图片，则可能是手机浏览器选项中禁止了图片显示。

2. 开始使用

招商银行手机银行 WAP 版的访问地址为 http://mobile.cmbchina.com，可以通过以下方式开始使用。

（1）在招商银行网站上选择发送地址短信，则招行服务器会发送地址短信到客户手机，客户收到短信后提取其中的 URL 地址并访问。

（2）在手机浏览器中手动输入上述地址并访问。为了以后使用方便，可以在手机上将该地址加为书签。

项目实训

实训一 网上注册手机银行

实训题目：网上注册手机银行

实训目的：能够完成手机银行注册，能够使用手机登录手机银行

实训内容、成果及步骤：

一、实训内容

1. 教师指导学生正确注册手机银行。

2. 教师指导学生正确登录手机银行。

3. 登录招商银行网站（http://www.cmbchina.com），了解招商银行手机银行的功能、流程、安全措施。

二、实训成果

《注册和登录手机银行实训报告》

三、实训步骤

步骤一：教师登录招商银行网站选择一款手机，就"网上注册手机银行"和"登录手机银行"的操作，对学生进行系统讲解和示范。

步骤二：让学生打开网上银行网站，正确注册手机银行。

步骤三：组织学生分析该操作流程，将整个流程记录下来。

步骤四：让学生正确登录手机银行。

步骤五：组织学生分析该操作流程，将整个流程记录下来。

步骤六：组织学生登录招商银行网站（http://www.cmbchina.com），了解招商银行手机银行的功能、流程、安全措施。

步骤七：组织学生撰写《注册和登录手机银行实训报告》。

实训二 兴业银行手机银行的申请办法和服务功能

实训题目：兴业银行手机银行的申请办法和服务功能

实训目的：能够在网上查询兴业银行手机银行的申请办法和服务功能

实训内容、成果及步骤：

一、实训内容

1. 教师指导学生正确搜索兴业银行手机银行。

2. 教师指导学生正确登录兴业银行并查看兴业银行手机银行申请办法和服务功能。

二、实训成果

《兴业银行手机银行的申请办法和服务功能实训报告》

三、实训步骤

步骤一：组织学生打开 IE 浏览器，输入网址 http://www.baidu.com。

步骤二：让学生用百度搜索兴业银行。

步骤三：打开兴业银行网上银行网站，查找手机银行相关信息。

步骤四：组织学生将兴业银行手机银行的申请办法和服务功能记录下来。

步骤五：组织学生撰写《兴业银行手机银行申请办法和服务功能实训报告》。

实训报告

实训 内容								
实训 时间		指导教师		班级		姓名		

实训要点：

实训内容：

实训成果：

问题和收获：

实训完成情况：

指导教师签名：

日　　期：

实训评价

姓名：_____　　评价日期：_____　　小组评价人：_____

评 价 方 式	比例	评 价 内 容	分值	得分
个人评价	15%	对学习任务的兴趣	5	
		利用所学知识解决操作中遇到的问题的能力	10	
小组评价	35%	课堂纪律和学习表现	15	
		能与小组成员互帮互助，互问互答	20	
教师评价	50%	成功完成实验操作	15	
		实训报告内容填写无误	10	
		实训报告内容翔实，反映所学知识	15	
		实训态度和认真程度	10	
		总分		
总评				

案例分析

案例分析一

现在流行"刷手机"

晃一晃手机就可以乘坐地铁，约上好友看电影也可以刷手机买票，进麦当劳吃东西，去商场"血拼"……众多的日常消费用手机轻轻一刷都可以轻松完成。

从 2010 年 1 月 1 日起，上海移动启动了刷手机进地铁的业务，并陆续在各个地铁站安装相关设备，检票闸机口也贴上了"手机钱包专用通道"的标识，上海也是国内首个将该业务大规模商用的城市。

这一新型的手机支付形式，被形象地称作"电子钱包"，它包括远程电子商务和现场手机钱包两类。就目前的国内市场而言，远程支付功能的使用已经相对普遍，例如，利用手机转账充值，缴纳水电气费用，预订酒店和机票，网上购物等。

"手机刷卡"乘坐地铁则属于现场"手机钱包"，在办理相应支付业务后，用户只需要更换专用的、基于无线射频识别技术（RFID）的内置 SIM 卡，就可在装有专用 POS 机的商家刷手机买单了。例如，在上海要实现刷手机进地铁，乘客首先要在手机上更换一张基于 RFID 技术的 SIM 卡，在开通"手机钱包"账户并充值之后，即可使用。

"手机刷卡"已开始在国内大行其道。在上海还可用手机刷卡购买世博会门票；在北京，物美方庄卖场于今年年初推出"手机支付"消费模式，顾客只需将手机在专用 POS 刷卡机上轻轻一贴，两秒钟后一张交易凭单就会从 POS 机终端徐徐吐出，在上面签字确认即可完成超市购物的付款流程；在南京，一共设有 10 000 多个刷卡消费点，在部分超市、加油站、景点，甚至美容美发、干洗餐饮店等其他的非接触式刷卡场合，均可以使用手机消费……

2010 年 3 月 16 日，中国银联宣称新一代手机支付业务在上海、四川、山东、宁波、湖南和深圳 6 个省市已进入大规模试点阶段，手机成为"随身 ATM 机"和"移动 POS 机"。

业内人士认为，"手机支付"未来的发展总趋势是走向多卡融合，技术融合导致了业务融合，中国也将可能一步迈入信用社会，这对我国的信用建设是大为有利的。值得注意的是，我国要注重这一平台建设，当作现代服务业来经营，而不是简单的应用。"

1. 案例功能

（1）让学生了解手机支付。

（2）让学生了解手机支付的便捷性。

（3）让学生学会分析现在手机支付存在的问题。

2. 案例任务

谈谈手机支付可以使支付行为变得简单、轻松，但现实中为什么还很难推广？

案例分析二

"彩信骷髅"感染逾 10 万智能手机

2010 年 4 月一款名为"彩信骷髅"（又名"手机骷髅"）的手机病毒在国内智能手机上疯狂肆虐，据不完全统计，目前被感染用户已超过 10 万。

彩信骷髅病毒的英文名为 LanPackage，它能影响到 S60 第三版操作系统的所有智能手机（诺基亚大部分型号和三星 G818E、i8510c、L878E 等部分型号），通过群发短信和彩信等方式，大量消耗受害手机用户话费，还会盗取中招手机中的个人隐私信息，危害十分严重。

据多名"手机骷髅"的受害者反映，他们的智能手机收到某些短信或彩信后，一旦点击其中的链接，"手机骷髅"便自动侵入手机。"手机骷髅"在装入受害用户手机后，能够强制联网下载特定的号码号段，并自动向这些号码发送短信和彩信，然后删除发送记录，用户会因此被消耗大量话费。同时，收到这些短信和彩信的手机用户也将受到"手机骷髅"的威胁，从而使"手机骷髅"的感染量不断以几何级数放大。

不仅如此，"手机骷髅"还能够联网下载其他恶意插件，用来盗取用户的号码簿、短信、照片、视频等个人私密文件，甚至监听用户通话，还能通过 GPS 定位用户的行踪。同时，因为该木马病毒能强制开机自启动和屏蔽系统"程序管理"菜单，普通用户难以正常卸载。

据悉，不法分子用来散播该木马病毒的短信/彩信内容也在不断变化，千方百计诱惑更多手机用户主动点击恶意链接。其中，有的号称"赠送 99 元话费"，有的打着中奖的幌子，甚至还有的宣布要"解密某明星私生活"。专家建议，受影响手机用户可立即下载安装 360 手机卫士，通过"系统清理"功能彻底查杀"手机骷髅"病毒，保护财产和隐私不受侵犯。

1. 案例功能

（1）让学生了解手机病毒。

（2）让学生了解手机病毒的危害性。

（3）让学生学会防范手机病毒。

2. 案例任务

谈谈手机病毒为何如此猖獗？

练习题

一、填空题

1. 根据交易金额的大小可以将移动支付分为_____和_____。

2. 根据支付时支付方与受付方是否在同一现场，可以将移动支付分为_____和_____。

3. 在移动支付银行运营系统模式下，银行以_____的身份出现，为用户提供交易平台和付款途径，不参与支付过程。移动运营商不参与运营管理，只负责提供_____。

4. 移动运营商推出的移动支付业务，大多为消费者提供 3 种账户设置：_____、_____和_____。

5. 短消息分为两类：一类是_____，另一类是_____。

6. 红外线传输是一种_____的无线传输方式，目前红外线应用于移动支付主要是在日本和韩国。

7. 在短距离技术应用方面，_____正逐步超越红外技术，成为手机中的主要传输技术。

8. 移动支付应满足数据的机密性、_____、_____、_____和可用性5 个方面的安全需求。

9. 移动支付安全的技术保障包括_____、_____。

10. 招行手机银行的主要功能是可以多种方式登录，全面支持_____和_____，提供理财助手服务。

二、问答题

1. 什么是移动支付？

2. 在移动支付银行运营系统商业模式下，用户需要支付哪些费用？

3. 在移动支付运营商系统运营模式下，移动运营商主要从哪些方面获得利益？

4. 什么是短消息（Short Message Service，SMS）业务？

5. 基于短信方式的支付流程和基于 USSD 方式的支付流程有什么区别？

6. 什么叫数字签名？

7. 要成为招商银行手机银行 WAP 版的客户，需要哪两个条件？

三、论述题

1. 简述移动支付中手机钱包和手机银行的差异。

2. 简述移动支付第三方运营系统的特点。

3. 简述基于 SMS 的移动支付流程。

四、综合题

结合自己的手机银行支付经历，谈谈你所用的手机银行的支付流程。

项目五

电话支付

电话支付是银行提供的基于电话银行语音系统的即时支付服务。当消费者在购买商品和服务时，可以随时拨打电话银行，通过自动语音系统使用银行卡付款。比传统的支付方式更加便捷，更加有保障，当然也会存在一些安全注意事项。

📖 知识目标

1. 了解电话支付系统的基本构成、功能、分类
2. 掌握电话支付系统的支付流程
3. 了解电话支付系统的安全保障

📖 学习要点

1. 电话支付系统的基本构成、功能、分类
2. 银行直接完成的电话银行支付的流程
3. 银行与支付提供商合作提供的电话支付流程
4. 固网支付、MOTOpay、eBilling 的流程

📖 学习难点

1. 电话支付系统的支付流程
2. 电话支付系统的安全保障

任务一　银行电话支付系统

一、银行电话支付系统的基本构成

电话支付系统的组成比较复杂，其中最核心的几大组成部分是：自动呼叫分配系统、交互式语音应答系统、计算机电话集成服务器、人工坐席代表系统、数据库服务器和应用服务器和后台管理系统。

1. 自动呼叫分配系统

自动呼叫分配系统（Automatic Call Distribution，ACD）也称排队机，是呼叫中心的前台接入系统，完成对接入呼叫的转接和分配，即将接入的呼叫中心系统的来电按特定规则自动转接到正确的坐席或进行其他自动处理，如排队或留言等。其性能的优劣直接影响到呼叫中心的效率和顾客的满意度，是呼叫中心有别于一般的电话系统的重要标志。

2. 交互式语音应答系统

交互式语音应答系统（Interactive Voice Response，IVR）是一种功能强大的电话自动服务系统。通俗地说，它也叫语音导航、欢迎词，通过预先录制或合成的语音对客户呼入的电话做出自动语音响应，为客户提供一种菜单导航的功能。客户可以根据提示，通过电话按键与电话支付系统进行信息交互。

3. 计算机电话集成服务器

计算机电话集成服务器（Computer Telephone Integration，CTI）是计算机系统与电话系统的结合，能够通过计算机自动完成复杂的通信任务。它的功能包括自动拨号、语音数据处理以及通过呼入信息在计算机屏幕上显示呼叫的相关信息等。

4. 人工坐席系统

人工坐席系统（Call-Center Service Representative，CSR）是人工处理客户电话的系统，一般由坐席电脑、坐席软件、坐席耳麦、服务人员等组成。呼叫中心坐席通过坐席软件及硬件设备实现相关的控制功能，为客户提供服务。其基本功能如下。

（1）来电接听、外呼。

人工坐席能通过呼叫中心系统实现客户来电接听，并通过外呼功能实现回访等主动沟通。这是系统最基本的功能。

（2）示忙、示闲。

若坐席工作人员临时离开座位或者临时不能接听电话，可将状态示忙，来电将不会被转入该坐席位置。

（3）转接。

如果某坐席工作人员回答不了客户的问题，可将来电转给其他坐席。

（4）坐席权限。

根据角色可以设置不同级别的坐席。例如组长坐席和普通坐席，他们相应的操作权限也不同。

（5）通话保持、通话恢复。

坐席工作人员在和客户通话过程中，如果坐席工作人员想暂时停顿（比如去寻求组长坐席的帮助）和客户的通话，这时候可以给客户播放等待音乐，等坐席工作人员回来后再通过通话恢复继续和客户通话。

5. 数据库服务器与应用服务器

数据库服务器主要提供系统的数据存储和访问功能。这里的数据包括客户的基本信息、账户信息、交易记录、银行的内部资料等。应用服务器是介于客户和银行数据库服务器之间的中间服务器，作用是提高呼叫中心的效率和安全性。

6. 后台管理系统

后台管理系统也被称为内部管理系统，它是银行管理电话支付业务的主要途径。技术人员通过后台管理系统进行日常系统管理和维护；客户服务中心管理人员利用后台管理系统进行业务统计和报表生成与查询，并通过技术手段对呼叫中心的工作人员进行有效的绩效考核。这不仅增加和丰富了银行的管理手段，也为呼叫中心的运营管理提供了有效的技术手段。

二、银行电话支付系统的功能

具体而言，银行电话支付系统具有以下几个方面的功能。

1. 传统银行扩展类业务

传统银行扩展类业务包括开户，销户，设置、修改密码，账户查询（查询账户余额、明细），转账，账户支付，账户挂失等。

2. 代理业务

代理业务主要是代理缴费。通过与收费部门联网，可以缴纳各种费用，如移动、联通手机费用等。

3. 投资理财业务

投资理财业务包括银证转账、银证通、银期转账、外汇买卖、国债、基金等。

4. 其他功能

（1）金融业务咨询。

客户可以通过电话银行查询公共金融信息，包括利率、汇率、银行业务介绍等。

（2）处理客户投诉。

电话银行中心是面向全社会开放的一个客户与银行沟通的平台，客户可以随时通过电话对银行的服务工作进行投诉。

（3）金融产品营销。

电话银行可以根据掌握的客户资料，使用外拨功能主动向潜在客户推介金融产品。

三、银行电话支付系统的分类

在人们的观念中，电话有多种，例如，家庭固定电话、手机、小灵通、公用电话、办公电话等。那么电话银行中的电话是否包括上述所有种类的电话？

上述所有种类的电话都具有语音通话和按键输入应答的功能，因此，从理论上讲，电话银行中的电话应该包括上述所有种类的电话，但是，它们的适用性和安全性不尽相同，特别是公用电话和办公电话，它们与使用人之间不具有固定的对应关系，其"公用"性质和"重播"功能很容易造成客户信息的泄露。因此，不是特殊情况，一般不要用这类电话进行电话银行业务操作。

那么我们说的银行电话支付系统有哪些分类?

实际上，通过电话进行支付的形式多种多样，例如，通过短信或 WAP 无线上网进行支付的手机银行支付、通过语音应答和人工坐席服务的电话银行支付、通过除上述方式之外的其他方式的电话支付。由于手机银行支付方式与其他移动终端设备支付方式类似，一般将手机银行支付归为移动支付范畴，将利用电话进行的其他方式的支付归为电话支付范畴。由此可知，银行电话支付系统可以分成以下三类。

（1）手机支付。由于手机银行支付方式与其他移动终端设备支付方式类似，一般将手机银行支付归为移动支付范畴，将利用电话进行的其他方式的支付归为电话支付范畴。

（2）电话银行支付。通过语音应答和人工坐席服务的支付方式。

（3）新型支付模式。固网支付、MOTOpay 支付、eBilling 支付等支付方式。

任务二　银行电话支付的流程

一、银行直接完成的电话银行支付的流程

由银行电话银行系统直接完成的电话支付比较简单，只要进行支付业务处理。客户只能面对一家特定的银行，支付种类与银行有着直接的关系，必须建立在银行已经与相应的商家有合作关系的基础上。例如，如果消费者要通过工商银行的电话银行缴电话费，那么首先要看工商银行是否提供了这项缴费服务，如果没有，那该项支付就无法进行。

其基本流程如下。

（1）拨打客服电话。

（2）选择语言服务种类。

（3）输入卡号、存折账号或相关信息。

（4）输入操作密码。

（5）按语音提示进行缴费操作。

（6）确认缴费金额。

（7）缴费成功。

工商银行和招商银行的电话银行支付自主缴费流程如图 5-1 和图 5-2 所示。

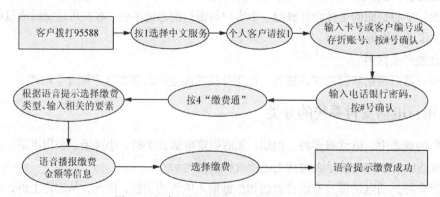

图 5-1　工商银行电话银行自主缴费支付流程

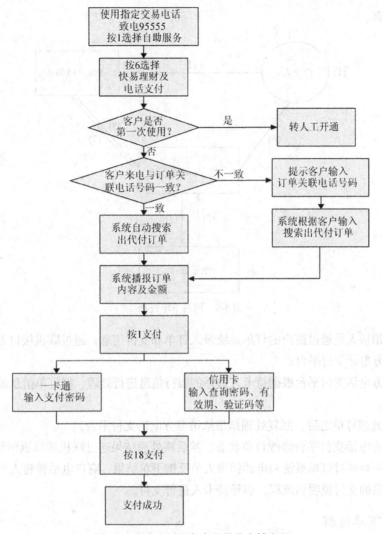

图 5-2 招商电话银行自主缴费支付流程

二、银行与支付提供商合作提供的电话支付

银行与支付提供商合作提供的电话支付过程包括下单和支付两部分。其中下单有电话下单和网站下单两种方式，如图 5-3 和图 5-4 所示。

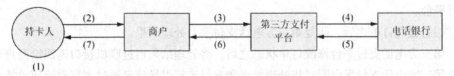

图 5-3 电话下单过程

1. 电话下单过程

（1）支付卡开通电话支付功能。

（2）持卡人拨打商户销售热线电话，订购产品或服务，告诉销售人员自己选择的银行，并留

下个人手机号码。

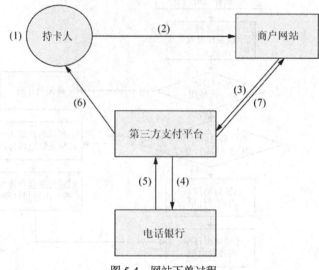

图 5-4 网站下单过程

（3）商户销售人员通过商户的订单系统录入订单和支付信息，通过联机接口方式，将订单信息提交到第三方电话支付平台。

（4）第三方电话支付平台根据持卡人选择的银行信息进行处理，将订单信息通过联机接口提交到银行平台。

（5）银行处理订单之后，回复处理结果给第三方电话支付平台。

（6）第三方电话支付平台修改订单状态，然后将处理结果通过联机接口返回给商户平台。

（7）商户平台通过订单系统向电话销售人员反馈下单结果，商户电话销售人员根据第三方电话支付平台提供的支付说明和流程，引导持卡人进行支付。

2. 网站下单过程

（1）支付卡开通电话支付功能。

（2）持卡人登录商户网站，订购产品或服务，生成订单，并选择电话支付。

（3）商户网站定向到电话支付页面，持卡人选择支付银行，并选择确认支付。持卡人浏览器显示订单提交页面，要求持卡人输入电话号码，并选择提交。

（4）第三方电话支付平台根据持卡人选择的银行信息进行处理，将订单信息通过联机接口提交到银行平台。

（5）银行处理订单之后，回复第三方电话支付平台处理结果。

（6）第三方电话支付平台修改订单状态之后，将处理结果通过联机接口返回给商户平台。

（7）第三方电话支付平台同时将处理结果和支付流程引导信息通过浏览器返回给持卡人。

3. 支付过程

支付过程如图 5-5 所示。

（1）持卡人用绑定的电话拨打所选银行的电话银行中心电话，然后按照自动语音流程进行支付操作。例如，招商银行电话银行中心电话为 95555，按语音提示进行支付。

（2）银行平台将支付结果通过联机接口反馈给第三方支付平台。

（3）第三方支付平台修改订单支付结果状态后，将支付结果通过联机接口反馈给商户平台。

（4）商户根据支付结果处理发货事宜。

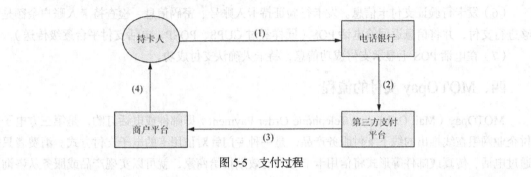

图 5-5　支付过程

三、固网支付的流程

1. 固网支付概念

固网支付是中国银联和中国电信共同推出的一种在固定电话上进行刷卡支付的电子支付模式。

2. 固网支付流程

固网支付流程与一般刷卡支付方式有一定的区别：客户有可能是在网上购物，刷卡终端——
电话 POS 并不一定在商家手中。因此，客户在网
上下订单并选择电话刷卡后，系统会提示输入电
话号码和客户的名字，然后该账单会发送到刚才
输入的电话号码的电话机上，此时，客户才可以
在电话 POS 上刷卡支付。图 5-6 给出了网上购物
通过固网支付的具体流程。

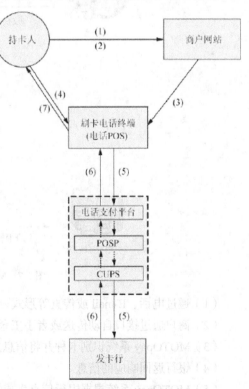

（1）下单。与其他电话支付方式一样，持卡
人首先都要选择商品，提交订单，并且选择支付
方式。

（2）选择固网支付方式。当持卡人选择了固
网支付方式后，需要输入一个可以用来刷卡支付
的电话号码和用于账单识别的姓名。

（3）支付账单发送到持卡人固网电话终端
POS。商家确定账单后把支付账单发送到刷卡电
话 POS 上。刷卡电话则会接收到刚才的账单信
息，这时，电话 POS 会显示收到一笔新的业务，
包括具体交易明细等项目。

（4）持卡人在固网电话 POS 上支付。持卡
人根据账单信息提示按电话 POS 上的"支付"键，

图 5-6　固网支付流程

根据提示进行刷卡，然后输入密码进行支付。

（5）支付信息加密传送到发卡行。电话 POS 将持卡人的账号及密码信息打包送往发卡行，数据经过电话支付平台、POSP（终端设备前置系统）以及银联卡跨行信息交换系统（CUPS）逐级传送。

（6）发卡行验证支付卡信息。发卡行验证持卡人账号、密码信息，检查持卡人账户余额是否够进行支付，并将信息返回给电话 POS（同样经过 CUPS、POSP、电话支付平台逐级传送）。

（7）在电话 POS 上显示支付成功信息，持卡人确认支付成功。

四、MOTOpay 支付的流程

MOTOpay（Mail Order And Telephone Order Payment）即邮件或电话订购，是第三方电子支付企业网银在线推出的线下支付服务产品，是一种专门针对信用卡的电子支付方式。消费者只需通过电话、传真或邮件等形式将信用卡卡号和有效期报给商家，就可以实现产品或服务从咨询、预订到支付的全程服务，3 秒钟之内即可完成支付。MOTOpay 具有非面对面、脱离网络等特点，这不但帮助银行扩充了信用卡消费渠道，更重要的是彻底解决了长期困扰电子机票、酒店预订、电视购物、网上购物等行业的一大难题：商户无法通过电话等非面对面的手段受理信用卡支付业务，而消费者又不方便上网支付，有效提升了持卡用户的刷卡率及消费金额。

MOTOpay 的支付流程如图 5-7 所示。

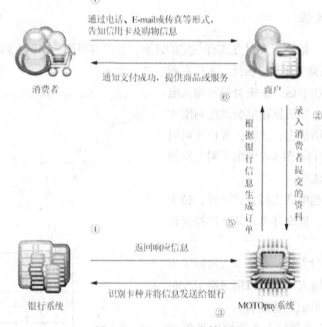

图 5-7　MOTOpay 的支付流程

（1）通过电话、E-mail 或传真等形式，告知信用卡及购物信息。

（2）商户通过接口自动传送或者手工录入消费者提交的资料。

（3）MOTOpay 系统识别卡种并将信息发送给银行。

（4）银行返回响应的信息。

（5）MOTOpay 系统根据银行信息生成订单。

（6）商户通知消费者支付成功，同时提供商品或服务。

五、eBilling 电话支付的流程

eBilling 是由韩国第一大电信运营商——KT（韩国电信）旗下的 oftfamily 公司在 1998 年研发而成的互联网付费系统，由上海凯翼悌信息技术有限公司率先引入中国。它是一种电话支付系统，适用于固定电话和移动电话。

互联网用户在使用收费内容时，无需信用卡或银行转账，更无须记录卡号、密码，只要提交付费申请，简单拨打一个电话即可完成付费。也就是说，不需要开通任何电子支付业务，不需要绑定任何银行账户，只需要一部电话就可以完成支付。用户在网上消费的收费内容直接从电信、移动的电话账单（信息使用费）中扣除，由运营商代收该使用费。

1. eBilling 电话支付的优点

电话小额支付虽然可能不会成为网上消费的主流支付方式，却可以在小额支付领域大放异彩。它主要有以下一些优点。

（1）方便。打一个电话即可完成整个操作，十分方便。

（2）快捷。从网上输入付费电话号码，到拨打特服号确认电话号码，付费成功，只需 20 秒即可完成。

（3）安全。无须输入其他个人资料，即使电话号码被泄露，也无须担心被盗用。

（4）最成熟的电话付费服务。该技术在韩国已有 4 年多的运营经验，是十分成熟的电话支付服务。

2. eBilling 支付流程

eBilling 支付流程如图 5-8 所示。

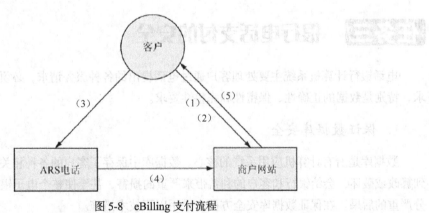

图 5-8　eBilling 支付流程

（1）用户登录网站，选择要购买的内容，选择 eBilling 电话支付。

（2）用户在网站上输入用于付费的电话号码。

相对于互联网具有的发散性和强大的交互性特点，电话银行支付的产品开发设计理念则是建立在"封闭系统"之上，因此电话支付是独立、封闭的语音系统；同时，电话是专线系统，是点对点的数据传输，其安全性更有保证。尽管如此，电话支付仍然存在一定的安全性问题，同样需要采取一定的安全措施来防范这些风险。

3. 电话支付存在的安全性问题

（1）客户缺乏安全意识。

客户对电话银行交易的安全了解较少，在缺乏安全机制或措施的环境中进行电话支付，导致登录账号和密码被窃取、资金被划走的状况。例如，利用公用电话支付等。

（2）电话的键盘存在安全隐患。

人们平时使用的 POS、ATM 等交易终端输入键盘，都是采用通过中国人民银行严格安全检测的加密键盘模式，每个数字键在操作的时候所发出的声音频率和电子辐射都是一样的。而人们日常使用的手机、固定电话和小灵通，其数字输入键盘都没有经过加密处理，也没有经过安全测试和检验。在操作的时候，每个数字键所发出声音的频率大小不一样，电子辐射也不一样，容易被人通过声音接收设备或电子辐射接收设备轻易地辨别出操作的是哪一个数字键。这就造成了电话支付在商业应用或在公共场合的应用中，存在极大的安全隐患。

（3）密码简单，易被破解。

由于输入字母不便，电话银行的密码相对简单，在先进设备和技术条件下，其被破解的难度也大打折扣。另外，由于电话银行和网络银行的关联性，用户往往用网络银行的密码兼当电话银行的密码，使黑客知晓银行卡密码后能轻松盗取。

（4）易受木马程序攻击。

如果客户使用智能手机进行电话支付，犯罪分子可以通过电脑或手机木马程序盗取密码，而智能手机终端的杀毒、防毒工作还远远不及智能手机的普及速度，这显然存在漏洞。

（5）客户不能及时获取资金变动情况。

除非用户办理相关业务，否则使用电话银行支付后，银行是不会对用户的资金变动情况与用户主动沟通的，这大大降低了用户追回损失的可能性。

任务三　银行电话支付的安全

电话银行计算机系统主要处理客户通过电话提出的各种服务请求，必须满足较高的安全性要求，特别是数据的正确性、保密性和完整性要求。

1. 保证数据库安全

数据库是所有计算机应用系统的核心。数据库中保存了客户的各种相关数据，一旦数据库遭到篡改或破坏，会给银行和客户的利益带来严重的损害，甚至使整个电子银行陷于瘫痪，引起十分严重的后果。在保证数据库安全方面应采用以下技术措施。

（1）校验数据的真实、合法性。

所有客户在进入电话银行计算机系统操作之前，必须经过验证；用户密码全部采用密文方式保存在数据库中；一旦发生验证失败，系统要做出安全处理。另外，为了防止恶意破译密码，系统中还设置了验证错误次数的限制，如果超过次数，禁止客户再试。

（2）进行访问控制。

对不同类别的客户采用不同的标记。例如，将注册客户与非注册客户用不同的标记来区分对待，他们的操作权限也根据标记的不同而有所差异。

（3）保护数据的完整性。

数据的完整性保护包括存储数据的完整性保护和传输数据的完整性保护。对于存储数据的完整性保护，采用对关键数据进行 MAC（Message Authentication Code）校验的方式。关键数据包括客户号、客户密码、证件号码、账号、更新日期等。将这些数据组成一个字符串，通过调用函数，生成 MAC，保存数据的同时，将 MAC 也保存下来。在需要进行关键数据操作时，首先需要校验 MAC，如果 MAC 不正确，禁止该操作；MAC 校验通过后，才能够继续进行操作。如果关键数据被更改后，MAC 也需要进行重新计算，更新到数据库中。对于传输数据的完整性保护主要包括两部分：IVR（交互语音应答系统）交易平台的数据交互和交易平台与后台业务系统的数据交互。这两种数据交互方式都采用 MAC 校验来保证数据传输的完整性。

2. 保证网络安全

网络安全是信息安全的基础，也是银行数据安全、系统安全的前提条件。客户的基本信息和账户资料都存放在银行的数据库中，而数据库与银行系统却是通过网络连接起来的，不论是银行内部网络还是银行外部网络，都可能存在着对电话银行系统的威胁。保证电话银行系统的网络安全可以采用以下措施。

（1）数据加密。

为了保证网络中数据的安全传输，首要的就是对数据加密。数据加密是利用数据加密算法来实现数据保密的方法和技术。与数据加密紧密相关的就是密钥管理机制，它主要考虑密钥的产生、分发和存储的安全。

（2）信息认证。

信息的可认证性是信息安全的另一个重要方面，它要验证信息来自授权方。网络中互不认识的双方要进行通信，必须事先取得权威认证机构的身份证书，才能取得对方的信任。

（3）信息的完整性保护。

信息在网络中传输可能会被篡改、重播或迟延。为了防止这些情况的发生，就要采取信息的完整性保护。序号机制、信息识别码和数字签名都可以有效地用于数据完整性保护。

（4）访问控制。

与数据库中的访问控制类似，给每个客户赋予适当的操作和访问权限，目的是为了拒绝非法访问和使用网络资源，以保障网络系统的安全。每个网络资源（如各种服务器、文件系统和数据库等）都有访问控制表（ACL），通过 ACL 规定客户的访问权限。

（5）路由控制。

路由控制一般由网络服务商提供，是信息通过安全可靠的子网、中继网或节点进行传送。当发现或怀疑信息受到监视或非法处理时，就重新建立路由。正确的路由控制可以避免使敏感数据进入危险的节点和链路。

任务四 中国工商银行电话支付的基本流程

一、电话支付的功能

按照语音提示，中国工商银行电话支付功能包括八个方面内容，具体如下。

1. 账户信息查询

提供查询各类账户及其卡内子账户的基本信息、账户余额、账户当日明细、账户历史明细、账户未登折明细等功能。

2. 转账汇款

提供同城转账、异地汇款等功能。

3. 缴费服务

提供电话费、手机费、水电费、燃气费等多种日常费用的查询和缴纳功能。

4. 投资理财

提供买卖股票、基金、债券、黄金的功能。

5. 外汇交易

提供实时买卖外汇，查询汇率、账户余额及各类交易明细等功能。

6. 信用卡服务

提供办卡、换卡申请，卡片启用、挂失，账户查询，人民币购汇还款，调整信用额度等功能。

7. 人工服务

提供业务咨询、投诉建议、网点信息、新业务介绍，并受理账户紧急口头挂失等业务。

8. 异地漫游

提供异地办理开户地各类银行业务的功能。

二、电话支付的申请

中国工商银行个人电话银行适用于持有工行理财金卡、牡丹灵通卡、牡丹信用卡、活期存折等账户的个人客户。个人客户可以通过以下任何一种方式开通电话银行。

1. 柜面注册

个人客户只要携带本人有效身份证件及本地工行银行卡到网点办理，填写《中国工商银行电子银行个人客户注册申请表》开通电话银行。

2. 电话自助注册

个人客户只要拥有工商银行银行卡及活期存折，即可拨打95588，通过语音提示或人工服务自助申请注册电话银行。

三、电话支付的流程

拨打95888电话，拨通后根据提示音操作，选"1"是自助服务，选"2"是人工服务，选"3"是挂失，选"4"是缴费，选"6"是信用卡服务，选"7"是其他金融服务，选"8"是中国香港地区漫游或内地漫游服务，如图5-9所示。

操作指南

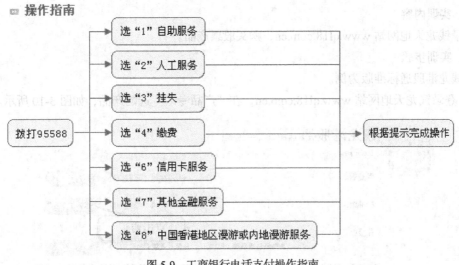

图 5-9　工商银行电话支付操作指南

项目实训

实训一　拨打四家银行电话银行

实训题目：拨打中国工商银行、中国建设银行、中国农业银行、中国招商银行电话银行，看它们为客户提供哪些服务，它们提供的服务有哪些不同之处

实训目的：学会利用中国工商银行电话银行进行支付

实训内容及步骤：

一、实训内容

1. 到柜台办理（以工商银行为例）银行卡，然后拨打 95588 申请开通电话银行。

2. 拨打 95588 仔细倾听，了解中国工商银行电话银行为客户提供哪些服务。

3. 登录招商银行网站（http://www.cmbchina.com），了解招商银行电话银行的功能、流程、安全措施。

4. 比较四家银行电话银行提供的服务有哪些不同之处。

二、实训步骤

步骤一：柜台办理银行卡（略）。

步骤二：按语音提示完成电话银行开通。

步骤三：登录招商银行网站 http://www.cmbchina.com，了解招商银行电话银行的功能、流程、安全措施。

步骤四：撰写实训报告。

实训二　操练网站下单方式的电话银行支付

实训题目：操练网站下单方式的电话银行支付

实训目的：学会利用电话进行网站购物后的支付

实训内容及步骤：

一、实训内容

登录钱龙天地网站 www.ql18.com.cn，购买股票产品。

二、实训步骤

以钱龙港股通标准版为例。

1. 登录钱龙天地网站 www.ql18.com.cn，在"产品专区"选购产品，如图 5-10 所示。

图 5-10　"产品专区"选购产品页面

2. 选择电话支付，如图 5-11 所示。

图 5-11　选择电话支付

3. 确认账户信息。

在这里客户需要正确输入钱龙天地账号、密码及校验码（如果还没有注册钱龙天地账号，请先进行注册，再继续购买产品），如图 5-12 所示。

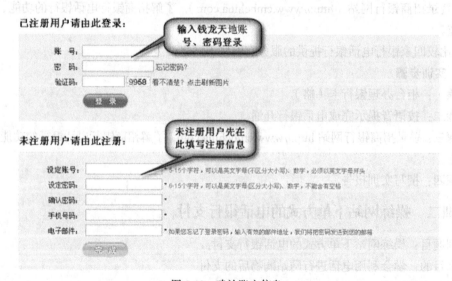

图 5-12　确认账户信息

4. 补充用户资料，如图 5-13 所示。

图 5-13 补充用户资料

如果在注册时客户已经填写了完整的用户资料，这里客户只要阅读并接受"用户协议"，核对用户资料就可以了。

5. 填写订单信息。

客户所选购的产品名称、付款方式、钱龙天地账号、真实姓名都已经显示在页面中，核对无误后请填写订单信息，如图 5-14 所示。

图 5-14 填写订单信息

6. 订单生成，核对无误后，拨打电话进行支付，如图 5-15 所示。

图 5-15 订单生成

如果在订单生成之前客户发现所填写的订单信息有误，可返回上一页面（或其他页面）进行修改。如在订单生成后发现订单有误，那么请在"账户管理>>查看我的订单信息"中取消此订单，重新下单。

　　7. 打电话进行支付。

　　请按图 5-16 所示的流程图操作进行电话支付。（注：必须使用上海本地的固定电话拨打，款项将以话费形式扣除，并显示在客户的话费账单中。）

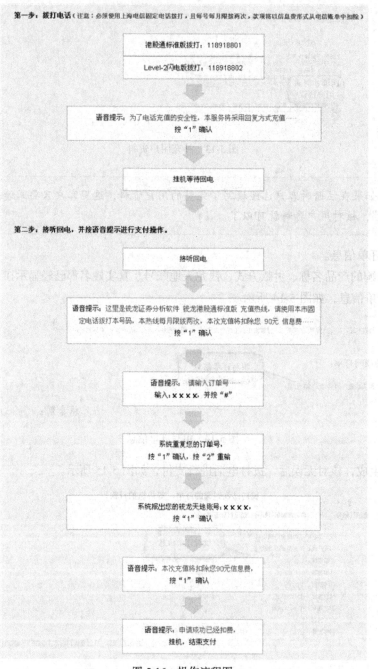

图 5-16　操作流程图

实训报告

实训 内容							
实训 时间		指导教师		班级		姓名	

实训要点：

实训内容：

实训成果：

问题和收获：

实训完成情况：

指导教师签名：
日　　期：

实训评价

姓名：_____   评价日期：_____   小组评价人：_____

评价方式	比例	评价内容	分值	得分
个人评价	15%	对学习任务的兴趣	5	
		利用所学知识解决操作中遇到的问题的能力	10	
小组评价	35%	课堂纪律和学习表现	15	
		能与小组成员互帮互助，互问互答	20	
教师评价	50%	成功完成实验操作	15	
		实训报告内容填写无误	10	
		实训报告内容翔实，反映所学知识	15	
		实训态度和认真程度	10	
		总分		
总评				

案例分析

按键音破解卡号密码：3 分钟被盗近 20 万元

被客户骗往银行开卡并办理电话银行业务的张小姐，怎么也没想到，居然有人通过电话按键音破译出银行卡密码，仅仅不到 3 分钟的时间，卡内近 20 万元的存款竟然"不翼而飞"。更让张小姐觉得莫名的是，明明当初开卡时设置了"5 万元的日转账最高限额"，并取消了电话银行业务，为何没能阻止骗子的疯狂盗取？想不通的张小姐以银行制度设计存有瑕疵为由向银行索赔所有损失。日前，上海市浦东新区人民法院对该案做出一审判决，法院驳回了原告张小姐的全部诉讼请求。

被人忽悠开办电话银行

1981 年出生的张小姐，家住上海张江镇，丈夫王先生是生意人。2009 年的一天，王先生通过网络认识了一名生意伙伴吴某。经过多次电话洽谈后，王先生打算从吴某处进货。然而吴某却提出，让王先生前往银行开设一项"卡卡定向转账"的业务。

"由于大家是第一次合作，虽然我同意你货到付款，但是你必须向我保证账上资金足额，你去银行办理一项'卡卡定向转账'业务，发货前，向我证明一下你们有足额的货款就行了，这样也方便我们以后进行业务往来。"

王先生想想也觉得有道理，便嘱咐妻子张小姐前往银行用她的身份证开设新卡并办理相关业务。为保障账户的安全，张小姐在开卡时设置了网上银行"日最高转账金额"为 5 万元，将银行账户与自己的手机进行绑定。随后，张小姐向银行申请了卡卡定向转账"电话银行业务，将其账号与吴某的银行账号进行绑定。在银行工作人员的提醒下，张小姐还开通了"银信通"服务，账户内的资金一有变动，银行会以短信的方式通知张小姐注意。业务办理完后，张小姐存入了100元。

银行密码被破解，损失惨重

当天晚上23时许，应吴某要求，王先生向吴某的账户转入了1元作为测试。

"当时对方要求我们向他证明已经办理了'卡卡定向转账'的业务，为此，我先生一手拿着他的手机与银行那边进行语音免提的电话转账操作，一手拿着吴某打给他的电话，同样开着免提，让吴某听到银行那边的语音。"张小姐回忆道。

翌日上午，人在浙江的王先生让父亲向该账户存入向吴某购货的20万元货款。晚上19时许，应吴某再次要求，王先生又按照同样的做法与吴某确认卡内有20万元，为了保险起见，同时又向吴某的账户进行测试，转入了1元钱。

"好了，我等下就发货了，你们就放心地准备收货吧！"吴某信誓旦旦地说。

随后，晚上21时许，3分钟不到的工夫，张小姐卡上的199 900元分三次全部被转入了吴某的账户。

虽然张小姐在第一时间报了案，公安机关也立即着手调查，但是号称"吴某"的人和近20万元的钱款已不知去向。侦办该案的民警告诉张小姐，此诈骗方法为一种破解电话银行密码盗取银行卡资金的新型诈骗手段，利用固定电话按键音来破解客户银行卡账号和密码，再盗窃事主银行卡内存款，如图5-17所示。

图5-17　利用"音频分析软件"破解电话按键音盗取银行密码

法院判决为个人疏忽"埋单"

损失发生后不久，张小姐以银行在"卡卡定向转账"业务的制度设计方面有缺陷为由，将银行诉至浦东法院。

法庭上，被告银行辩称，张小姐先是申请关闭"自助转账协议建立"业务下的电话银行业务，而后申请"卡卡定向转账"电话银行业务，这与之前的设置并不矛盾，并且这一业务交易不设每日最高累计转出限额，但是单笔转账限额原则上不超过10万元。而张小姐所谓的5万元日最高转账金额是针对网上银行而非电话银行业务。

　　法院经审理后认为，从原告张小姐申办各项业务的单据来看，张小姐先是申请开办了"自助转账协议建立"业务，确认电话银行关闭，而后又办理了"卡卡定向转账"电话银行业务，所以从时间顺序来看，张小姐之后开通的"卡卡定向转账"业务和之前办理的"自助转账协议建立"业务确认电话银行关闭并不矛盾和冲突；"卡卡定向转账"这一电话银行的日最高转账金额也不应受到网上银行的 5 万元日最高转账金额限制；本案系争业务虽然可以通过电话进行，但是仍需要当事人提供系争银行卡卡号和密码进行操作，尤其是密码只能由原告持有和操作，所以原告的系争账户因涉及经济犯罪活动而产生损失，不应当归咎于被告。

　　1. 案例功能

　　这是目前电话支付领域一个典型的案例，学习该案例有利于学生深刻地体会电话支付的安全隐患，提高电话支付安全的警惕性。

　　2. 案例任务

　　在进行电话支付时需要注意哪些安全问题。

练习题

一、单项选择题

　　1.（　　）性能的优劣直接影响到呼叫中心的效率和顾客的满意度。

　　　　A. 自动呼叫分配系统　　　　　　B. 交互式语音应答系统

　　　　C. 人工坐席代表系统　　　　　　D. 后台管理系统

　　2. 在电话银行系统组成中，（　　）是前台接入系统，完成对接入呼叫的转接和分配。

　　　　A. 交互式语音应答系统 IVR　　B. 自动呼叫分配系统 ACD

　　　　C. 计算机电话集成服务器 CTI　　D. 人工坐席系统 CSR

　　3. 人工坐席系统的最基本功能是（　　）。

　　　　A. 示忙、示闲　　　　　　　　　B. 来电接听、外呼

　　　　C. 通话保持、通话恢复　　　　　D. 坐席权限

　　4. 使用电话银行支付，注册电话银行支付时一般会要求用户绑定电话，也可以不绑定，如果没有绑定任何交易电话，则必须使用（　　）电话号码进行电话支付。

　　　　A. 用户绑定电话　　　　　　　　B. 固定电话

　　　　C. 订购商品时预留的　　　　　　D. 随便哪个电话

　　5. 下列（　　）是中国银联和中国电信共同推出的一种在固定电话上进行刷卡支付的电子支付模式。

　　　　A. 固网支付　　　　　　　　　　B. eBilling 支付

　　　　C. MOTOpay 支付　　　　　　　D. 手机银行支付

　　6. MOTOpay 主要是针对（　　）用户。

　A. 贵宾卡　　　　　B. 借记卡　　　　　C. 贷记卡　　　　　D. 信用卡

7. 电话银行密码一天之内连续（　　　）输入错误，则电话银行当日不可使用。

　A. 两次　　　　　　B. 三次　　　　　　C. 五次　　　　　　D. 无限次

二、多项选择题

1. 银行电话支付系统主要的功能有（　　　）。

　A. 传统银行扩展类业务　　　　　　B. 代理业务

　C. 投资理财业务　　　　　　　　　D. 处理客户投诉

2. 固网支付具有以下（　　　）优势。

　A. 支付费用低廉　　B. 支持跨行支付　　C. 操作简便　　　D. 安全性更高

3. eBilling 电话支付有哪些优点？（　　　）

　A. 方便　　　　　　B. 快捷　　　　　　C. 安全　　　　　D. 最成熟的电话付费服务

4. 以下对电话支付存在的安全隐患描述不正确的是（　　　）。

　A. 电话的键盘存在安全隐患　　　　B. 电话支付密码简单，易被破解

　C. 不容易受木马程序攻击　　　　　D. 客户能及时了解资金变动情况

5. 保证电话银行系统的网络安全可以采用以下哪些措施？（　　　）

　A. 数据加密　　　　B. 信息认证　　　　C. 信息的完整性保护

　D. 访问控制　　　　E. 路由控制

6. 客户在使用电话银行时设置科学的密码，应做到（　　　）。

　A. 不要使用过于简单的数字

　B. 不要使用自己的出生日期、电话号码等

　C. 密码最好定期进行修改

　D. 在使用 ATM、POS、网上银行以及电话银行时，尽量使用不同的密码

7. 个人客户开通中国工商银行电话银行有哪几种方式？（　　　）

　A. 直接到银行柜台申请开通

　B. 携带本人有效身份证件及本地工行银行卡到网点办理

　C. 直接拨打 95588

　D. 上网开通

三、判断题

1. 消费者要通过银行的电话银行缴电话费，不需要看银行是否提供了这项缴费服务都可以支付。（　　　）

2. 客户要提高自身的安全意识，不给犯罪分子任何可乘之机。要尽量在安全的环境下进行电话支付，要尽量使用公用电话等公共通信设备；使用免提电话。（　　　）

项目六

自助银行支付

　　自助银行又称"无人银行"、"电子银行"，它属于银行业务处理电子化和自动化的一部分，是近年在国外兴起的一种现代化的银行服务方式。它利用现代通信和计算机技术，为客户提供智能化程度高、不受银行营业时间限制的 24 小时全天候金融服务。全部业务流程在没有银行人员协助的情况下完全由客户自己完成。

📖 知识目标

1. 了解自助银行支付系统的基本构成、功能和分类
2. 了解 ATM 系统交易流程
3. 了解 ATM 系统交易安全问题和安全技术
4. 了解 POS 系统交易流程
5. 了解 POS 系统交易安全问题和安全技术
6. 掌握外挂式和内嵌式指纹银行流程
7. 了解指纹银行的安全问题和安全技术保障

📖 学习要点

1. 自助银行支付系统的基本构成、功能和分类
2. ATM 系统交易安全问题和安全技术
3. POS 系统交易安全问题和安全技术
4. 指纹银行的安全问题和安全技术保障

📖 学习难点

1. ATM 系统交易流程
2. POS 系统交易流程
3. 外挂式和内嵌式指纹银行流程

任务一 自助银行交易系统

一、自助银行支付系统的基本构成

自助银行（如图 6-1 所示）又称"无人银行"、"电子银行"，它属于银行业务处理电子化和自动化的一部分，是近几年在国外兴起的一种现代化的银行服务方式。它利用现代通信和计算机技术，为客户提供智能化程度高、不受银行营业时间限制的 24 小时全天候金融服务。全部业务流程在没有银行人员协助的情况下完全由客户自己完成。

1. 自助银行的概念

自助银行有狭义和广义之分。

中国人民银行《商业银行设立同城营业网点管理办法》的第三条规定："自助银行是指商业银行在营业场所以外设立的自动取款机（ATM）、自动存款机（CDM）等通过计算机、通信等科技手段提供存款、贷款、取款、转账、货币兑换和查询等金融服务的自助设施。

图 6-1　自助银行

自助银行包括具有独立营业场所，提供上述金融业务的自助银行和不具有独立营业场所，仅提供取款、转账、查询服务的自动取款机（ATM）两类"。这是狭义的自助银行概念。

广义上的自助银行还包括网上银行、电话银行以及手机银行等主要以自助方式实现金融服务的方式。我们一般所指的自助银行是狭义的自助银行，本书所谓的自助银行是指狭义的自助银行。

2. 自助银行的发展历史

20 世纪六七十年代，自助银行首先在国外得到应用。应用的原因很简单，银行柜台客户流量大，不少人排长队仅仅是为了办理小额存取款及查询等简单的业务，使得柜台人员疲于应付，因此也降低了对优质客户的服务能力。为提高服务水准，为优质客户提供个性化的服务，以期达到留住大客户的目的；如果依靠扩大营业网点，增加人员来解决问题又势必大幅度提高成本开支。

基于这一情况，银行为了分流简单业务客户，减少柜台工作量，产生了引入自助取款机设备的念头，并得到了技术供应商的响应。于是，自助取款机便应运而生，接着又扩展到自助存款机、外币兑换机、夜间金库、自助保管箱、IC 卡圈存机、存折补登机、对账单打印机、信息查询机等一系列自助银行设备。这些设备的出现，从时间和空间上延伸了银行的服务，很快便得到了客户的拥戴，于是便迅速从银行营业网点中走到公共场所，从室内走到室外，风靡全球。

自助银行是在 20 世纪 80 年代初登陆中国市场，中国银行香港中银集团电脑中心首先开发出 ATM 机应用系统并投入使用，1988 年中国银行深圳分行推出国内第一台联机服务的 ATM 机，1994 年中国银行又在广东、湖南、福建等地开通了"中国通–银联"网，海内外客户开始在华南地区的 ATM 机上办理取款及查询业务。

然而自助银行在中国的发展却颇具中国特色，其应用初衷并非像国外那样是为了分流客户，而是为了树立银行高科技、现代化的崭新形象。因此，一开始中国的自助银行设备多数是安装在网点的内部。国内银行的竞争在当时也才刚刚开始，多数居民还不知道银行卡为何物，已办卡的也多停留在"贵族卡"、"身份卡"的阶段,同时,国内各家银行自成系统,各发各的卡,各用各的设备。加上当时居民的时间价值低以及心理的习惯等方面的原因,多数人宁愿排长队等候服务也不愿享受机器提供的方便自助服务,甚至许多人还不懂使用这些机器。因此,自助银行设备的利用效果很不理想。

进入 20 世纪 90 年代,几大国有银行向商业银行运行机制转轨,各种体制如股份制银行之间的竞争加剧,纷纷抢滩市场,使得国内银行之间的竞争加剧。同时,国家严格控制银行新设网点,为了开辟新利润的来源,不少银行这时开始把发展转向以银行卡为首的个人金融业务,特别是国家从政策上积极为全国"银联"卡创造条件,各家专业银行开始把自助银行作为扩大规模,提高吸储能力,不断强化和改善现有服务手段的有效工具。

进入 21 世纪以后,金融创新成为各家银行关注的焦点,自助银行的发展势头更加迅猛。银行嗅到了在 ATM 以及相关自助产品上开展中间业务,将成为银行新的利润增长点,而且发展空间很大。而互联网技术的高速扩张,进一步拓宽了自助银行的发展空间,互联网技术的发展改变着消费者的消费行为,而且给金融工具的高效、安全提供了技术保障。从外部环境看,加入 WTO 后,我国的银行卡业务将在 3~5 年内对外资开放。国际著名的银行卡组织 VISA 和万事达都把中国入世看作是扩展业务的大好机会,这两家公司在中国的业务正呈现高速增长的势头,这一点也迫使国内银行要加快自助银行建设的前进步伐。

3. 自助银行的设备

自助银行设备一般包括以下几种。

自动存取款机:为目前世界上最先进的自动柜员机,它集现金存取款于一身,并且可以办理缴纳费用业务,极大地方便了客户。

自动取款机又称 ATM,是 Automatic Teller Machine 的缩写,意思是自动柜员机,因大部分用于取款,又称自动取款机。它是一种高度精密的机电一体化装置,利用磁性代码卡或智能卡实现金融交易的自助服务,代替银行柜面人员的工作。可提取现金,查询存款余额,进行账户之间的资金划拨等工作;还可以进行现金存款(实时入账)、支票存款(国内无)、存折补登、中间业务等工作。

多媒体信息查询系统:主要是处理非现金交易。例如,查余额、交易明细,改密码,存折补登,转账,买卖股票,买卖基金,买卖外汇,行情实时查询,缴交公共事业费用等与现金无关的交易。

全自动保管箱:全自动保管箱则提供自助式保管箱服务,客户存取物品不受时间限制,也无须银行人员陪同,也能确保客户隐私。

夜间金库:方便客户在夜间将现金、票据和有价证券等贵重物品存入银行。事先申请夜间金库业务,则能 24 小时自由存放现金或物品。

外币自动兑换机:在机场和商业区的自助银行里,我们经常可以看到外币兑换机。其主要服务对象为外国游客和有外汇收入的居民。外币兑换机能识别多种不同的货币,在兑换过程中自动累计总数,然后按照汇率进行兑换。各家银行的自助银行的设备和功能不一样,就算是同一家银行,也会在不同地点的自助银行内摆放不同的设备,提供不同功能的服务。一些自助银行还提供信用卡对账单打印功能,将信用卡插入,按照提示就可以打印一张对账单。还有转账服务,一般都只能提供同城账户的转账服务。一些自助银行还提供电话机,直接接通到各自银行的电话服务系统。

此外还有存折自动打印机、IC 卡圈存机、电话银行自助理财服务、点钞机、验钞机等。

二、自助银行支付系统的功能

从服务形式看，自助银行的服务分为以下几种类型。

1. 交易服务类

交易服务是指银行提供的一些传统服务功能，包括银行卡的存款、取款、转账、修改密码、余额查询、存折补登、对账单打印等。

2. 销售交易类

销售交易包括信用卡授权、IC 卡圈存圈取、银行卡申请等，从而吸引更多的用户，提高银行的业务量，争取更多的利润。

3. 客户服务类

对客户提供咨询、理财等类型的服务，可以提高银行的社会公众形象。如多媒体信息查询、利率查询、客户理财指南、银行业务介绍等。

上述自助银行具体功能介绍如下。

账户余额查询：为客户提供查询信用卡、储蓄卡或存折上的余额的服务。

存折补登打印：为客户提供查询以往交易流水的服务，并提供自动翻页打印设备，把全部未打印交易流水打印到存折上。

现金存款：为客户提供现金存款服务，可以自动识别钞票的真伪和面额，并实现实时入账，增强客户的心理安全感。

现金取款：为客户提供快速提取现金的服务。

账户互转：为客户快速实现信用卡与信用卡之间、信用卡与储蓄卡之间、信用卡和储蓄卡与特定账户之间、特定账户之间的转账。

夜间商业存款：主要是为了方便个体户等商界人士夜间存款而设置的功能，其存款袋可接受大额或小额纸币、硬币。

外币兑换：方便客户把外币如美金或港币兑换成人民币等。

客户信息打印：打印信用卡客户的对账单等。

公用事业交费：方便客户交付各种公共事业费用，如电话费、水费、电费、煤气费等。

对公客户服务：对公账户的结单打印和查询功能，以及与公司卡有关的业务查询。

4. 其他信息服务

（1）利用地图漫游银行各个营业网点，银行所提供的各项服务的详细介绍。

（2）各储种利率的查询。

（3）银行自身的广告宣传。

（4）为其他相关商家的广告宣传。

（5）建立多媒体通信的远程专家咨询顾问。

（6）提供可视电话、电话号码查询、代理的广告服务、销售保险、售票功能、数据库访问功能、代收费用的明细查询功能。

（7）提供城市地图的服务。

（8）铁路部门的列车时刻表及运行情况。

（9）劳动部门的招工情况。

（10）航空时刻表和航班预订及运行状况。

（11）旅游信息。

（12）网络商品订购。

（13）售票等服务。

三、自助银行支付系统的分类

1. 自助银行的类型

自助银行与银行营业网点主要有以下三种组合形式。

（1）附行式自助银行。在现有银行网点中划出一个部分作为自助银行的服务区域，放置自助银行服务设备，如图6-2所示。

（2）离行式自助银行。又称全自动自助银行，这种形式的自助银行与银行分支机构和营业网点完全独立。一般是设立在商业中心、人口密集区或高级住宅区内，也是全天候开放，如图6-3所示。

图6-2　附行式自助银行

图6-3　离行式自助银行

（3）便利型自助银行。在需要频繁使用银行自助设备的场所配备其所需要的自动服务设备的自助银行。如在机场、宾馆放置的ATM、外币兑换机，商场放置的ATM、夜间金库，高级住宅区放置的多媒体查询系统、自动保管系统等，以方便客户的各项需要，如图6-4所示。

图6-4　便利型自助银行

2. 自助银行的目标

自助银行的目标如下。

（1）提高银行的形象。

通过高科技手段来吸引客户，扩大银行的服务范围和社会影响。

（2）提供全天候的服务。

为客户提供真正的一年 365 天、每天 24 小时的全天候服务，并为客户提供一个安全、舒适的自助环境。

（3）降低服务成本。

通过自助银行营业网点的增加，逐渐减少传统柜台的交易量，节省银行的日常运营开支。

（4）提高银行的服务质量。

增强银行在金融市场的竞争能力。

3. 自助银行的发展方向

根据个人零售业务以客户为导向的营销理念，充分考虑到不同消费者的消费需求，一些新型的服务网点模式应运而生。

（1）社区模式。在居民区、厂矿企业、办公楼及其附近提供银行服务的分行模式，强化中间业务服务及营销，是一种"自助银行增强型"设计，即以自助设备为主，并不定时地配合必要的人工服务，以期同时达到高效率服务和业务推广的双重业务目标。

（2）商业区模式。在商业区、闹市区提供快速现金服务的自助银行，强化快速取现服务和银行卡发行，以自助银行或自助银行增强型为主。

（3）校园模式。在校园及其附近提供简单存取款服务，其交易特征为"频度高，单次交易额小"，以特殊形式自助银行为主，如网吧银行、书吧银行等，如图 6-5 所示。

图 6-5　自助银行校园模式

（4）店中行模式。在便利店、机场、加油站、商场、酒店等其他行业的营业厅内提供银行服务。这些营业场所也是银行客户最常光顾的场所，在这些场所提供银行服务显然给银行储户提供了最大的方便。可以结合所在营业场所的具体情况设计成咖啡吧银行、超市银行、专卖店银行等。

（5）顾问银行模式。又称 VIP 分行，一种专门为其附近的 VIP 客户提供专业理财服务的网点。

任务二 ATM 系统的交易

一、ATM 系统交易流程

1. ATM 的概念

ATM 系统是利用银行发行的银行卡，在自动柜员机（ATM）上执行取款、查询余额、修改密码、转账等功能的一种自助银行系统。该系统使银行可以把金融服务扩展到银行柜台和银行网点以外的地方，有效地提高了银行的效率，降低了银行的运行成本，是最早获得成功使用的自助银行设备，如图 6-6 和图 6-7 所示。

图 6-6 ATM 机

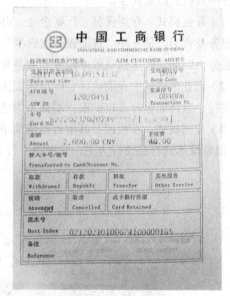

图 6-7 ATM 操作回执

2. ATM 的主要功能

ATM 的功能主要包括现金取款、现金存款、余额查询、自助缴费、本行或跨行转账、修改密码等基本功能。有些多功能 ATM 还提供诸如存折打印、对账单打印、支票存款、信封存款、缴费、充值等一系列便捷服务，如图 6-8 所示。

3. ATM 的交易流程（如图 6-9 所示）

（1）取款。

按卡上箭头所示方向将卡插入插卡处。

在键盘上输入密码后，按"输入"键。

依照屏幕上显示的栏目，按屏幕上的"取款"键。

输入所需取款金额，核对后按"输入"键。

取回提款卡及"客户通知书"。

清点从提款机吐出的现钞。

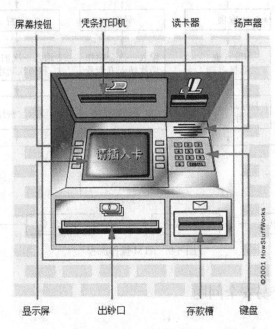

图 6-8　ATM 的主要功能

（2）查询。

插卡、输入密码后，按"输入"键。

依照屏幕显示的栏目，按屏幕上的"查询"键。

屏幕上将显示客户的账面余额、可用余额以及当日自动提款机上可用余额。屏幕返回后，按屏幕右侧的"取卡"键，取回提款卡。

（3）更改密码。

按卡上箭头所示方向将卡插入插卡处。

在键盘上输入密码后，按"输入"键。

依照屏幕显示的栏目，按屏幕上的"更改密码"键。

在键盘上输入新密码（六位数字，屏幕显示六个*）后，按"输入"键。

再输入一次新密码，以确认新密码正确与否，若两次输入不一致，则密码不更新；若密码被更改，则屏幕上显示"新密码已被接纳"。

（4）转账。

按卡上箭头所示方向将卡插入插卡处。

在键盘上输入密码后，按"输入"键。

依照屏幕显示的栏目，按屏幕上的"转账"键。

在键盘上输入对方卡号（两遍），核对对方账号和名字，按"确认"键；输入金额，按"确认"键。

屏幕上显示转账结果，就表示完成。

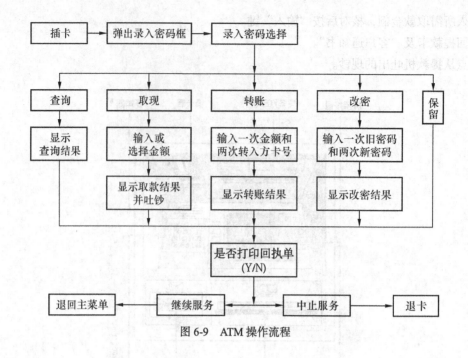

图 6-9　ATM 操作流程

二、ATM 系统交易安全问题

1. 外部风险

外部风险主要表现为不法分子为盗取客户资金，利用种种手段对 ATM 实施外部作案。2008年，公安部公布了银行卡和银行自助设备（主要是 ATM）犯罪活动的十种常见手法，如图 6-10所示。

手段	手法一	手法二	手法三	手法四	手法五	手法六	手法七	手法八	手法九	手法十
虚假提示	√	√		√						
人为制造ATM吐钞故障	√									
人为制造ATM吞卡假象		√							√	
加装工具盗取银行卡		√							√	
加装键盘盗取密码				√					√	
假插卡槽盗取卡信息					√					
藏摄像镜头偷拍密码偷入						√	√			
门禁加装刷卡器盗取密码等信息								√		√
转移客户注意力并盗取卡和密码			√							

图 6-10　ATM 系统交易外部风险

2. 内部风险

内部风险指因银行内部管理不善给 ATM 带来的风险和隐患。主要表现为以下几点。

（1）风险意识淡薄，警惕性不足。

（2）软件系统和日常维护管理不严。

（3）银行卡产品在技术设计上存在缺陷，为犯罪分子提供了可乘之机。

（4）自助设备硬件上的风险。

（5）服务响应风险。

三、ATM 系统交易安全技术

随着 ATM 的普及，许多犯罪分子开始对使用 ATM 的储户下手了。为了防止这类犯罪的发生，应该从三个方面来加强 ATM 系统安全保障措施。

1. 银行的安全技术保障措施

为保障 ATM 系统的安全，银行建立了严密的技术防范机制，如系统管理、操作管理、级别控制、防火墙建立、灾难备份等。另外，银行还采用了数据加密、身份确认、纸币确认、机身保护等几个方面的安全保障技术。

2. 银行采用的管理措施

为保证 ATM 系统的安全，银行可以采取以下相应的管理措施。

（1）牢固树立风险防范与业务发展并重的思想。

（2）理顺行内管理机制。

（3）做好 ATM 设备的维护。

（4）慎选外包商，避免技术泄露。

（5）完善制度保障。

（6）堵塞产品开发和设计的漏洞。

3. 客户采取的防范措施

（1）持卡人应增强银行卡密码、账号的自我保护意识。例如，在新办银行卡后，要立即修改初始密码。设置密码时尽量不要用生日或电话号码等容易被人破译的数字，不要把有效证件与银行卡放在一起，以免给犯罪分子可乘之机。保管好银行卡密码和账号是防止银行卡被盗用、冒用的关键。

（2）持卡人应增强取款、消费时的自我防范意识。在 ATM 上查询、提款时，应尽可能用身体遮挡操作手势，以防不法分子窥视；输入密码时最好采用非常规指法输入；ATM 提款、查询的回执单要妥善保管或及时销毁，切忌随手丢弃，防止落入不怀好意之人手中，为其"克隆"、伪造银行卡提供便利；不宜在网吧利用银行卡消费系统进行网上消费或在公用电话上进行电话银行消费。即使使用，也应采取措施及时消除输入的个人数据资料，防止个人信息被计算机高手窃取；经常更改银行卡密码；银行卡遗失应尽快到银行挂失。

（3）在 ATM 上取款时，要注意观察取款机是否正常，特别是银行卡被吞后，不要轻易离开，而要根据 ATM 旁操作警示牌上的电话及时与银行取得联系或直接报警。办理完取款业务后，应先把所取现金收好，待机器退卡后，将卡妥善保管。同时，注意银行卡密码的安全，不要轻易在电话或与人交谈过程中泄露密码，发现可疑情况要及时报案并灵活处置。

任务三 POS 系统的交易

一、POS 系统交易流程

POS（Point of Sales）系统即销售时点信息系统，是指通过自动读取设备（如收银机）在销售商品时直接读取商品销售信息（如商品名、单价、销售数量、销售时间、销售店铺、购买顾客等），并通过通信网络和计算机系统传送至有关部门进行分析加工，以提高经营效率的系统。POS 系统最早应用于零售业，以后逐渐扩展至其他如金融、旅馆等服务行业，利用 POS 系统的范围也从企业内部扩展到整个供应链。

POS 设备包括主控机、凭条打印机和密码输入器三个部分。

一般情况下，基本的 POS 交易流程包括签到、消费和结算。

1. 签到

签到是为了向 POS 中心取得新的工作密钥，同时验证 POS 机的合法性，POS 只有签到成功后才可以进行金融交易。因此，签到是每天开始刷卡交易前必须进行的第一步操作。在交易过程中，有时也会出现"MAC 错误，请重新签到"的提示，此时只要重新做签到即可。

2. 消费

持卡人在特约商户消费时用银行卡付款，经批准的消费额即时地反映到该持卡人的账户余额上。

此环节是 POS 交易过程中最为重要的部分，主体分为持卡人、特约商户、收单银行、发卡银行和第三方机构五个部分。

在消费的过程中，消费者持卡到特约商店消费，要求在特约商店刷卡。

特约商店持消费者的银行卡或者信用卡，在银行授权的 POS 设备上进行刷卡操作，拨付消费金额到授权银行。

授权银行接收到特约商店发送过来的消费款项，如果本身就是发卡银行，则扣款后直接返回销售单据；如本身不是发卡银行，则通过第三方机构转接至发卡银行进行扣款，再返回销售单据。

特约商店收到销售单据回执，通过 POS 设备打印销售单据，销售单据一式两份，一份请持卡人签字后留底，一份交由持卡人保管。

3. 结算

每天下班之前，一般要求进行结算操作。终端将当批次交易借记总金额、借记总笔数、贷记总金额、贷记总笔数上送 POS 中心，并与 POS 中心对账，打印结算单，清空所有的交易记录。结算完成后，必须要重新签到，才能进行其他交易。

其他交易如下。

（1）消费撤销。

消费撤销是指因人为原因而撤销已完成的消费。消费撤销必须是撤销 POS 当日的消费交易，操作员需要向持卡人核对原始交易的凭证，消费撤销金额必须等于原始消费的金额，消费撤销交易需要主管操作员输入密码，消费撤销交易必须在原始 POS 上进行。

（2）预授权。

预授权指商户就持卡人预计支付金额向发卡行索取日后付款的承诺。发卡行将持卡人账户的预授权金额冻结，并给出授权号。该交易一般在酒店、宾馆使用。

（3）预授权完成。

预授权完成是指持卡人对已取得预授权的交易，在预授权有效期内做支付结算。预授权完成的交易金额小于等于原预授权金额。预授权完成交易可以与预授权交易不在同一台 POS 上提交，但必须是同一商户。操作员必须核对原始预授权单据，并在 POS 终端上输入原始交易的有关数据。

（4）预授权撤销。

预授权撤销是指由于各种原因撤销原来批准的预授权。商户可以在预授权有效期内进行预授权撤销交易。操作员必须核对原始预授权签购单据，发卡行在收到预授权撤销交易后，将持卡人预授权金额解冻，预授权撤销交易需要主管操作员输入密码。

（5）预授权完成撤销。

预授权完成撤销是指因人为原因对已完成的预授权完成交易进行撤销。预授权完成撤销必须是撤销 POS 当日的预授权完成交易，操作员需向持卡人核对原始交易的凭证，预授权完成撤销金额必须等于原预授权完成交易的金额，预授权完成撤销交易需要主管操作员输入密码，预授权完成撤销交易必须在原交易 POS 上进行。

（6）冲正。

对由于超时未收到交易响应或响应信息 MAC 校验失败等原因未能完成的交易，POS 终端将产生原交易的冲正交易，并在下次联机交易之前自动完成。

二、POS 系统交易安全问题

1. 随着科技的不断发展，商户和银行之间的业务应用范围不断扩大，POS 系统的安全问题与保密问题越来越成为大家关注的对象。POS 系统所出现的问题多种多样，可总结为以下四种主要类型。

（1）操作问题。

由于操作员的误操作引起的问题，非设备本身或者其他硬件设施引起的问题。

（2）线路问题。

在 POS 设备与银行设备终端传输过程中发生信息堵塞、丢失、篡改等问题。

（3）硬件问题。

设备的物理问题，非软件故障和人为造成的。

（4）业务问题。

除上述三种问题外，还有的问题是 POS 系统和银行系统业务对接方面的，如政策调整、新产品推出等。

从上述分析可知，POS 系统的安全不仅是软件系统逻辑上的安全，而且还包括 POS 设备本身的物理安全。

2. POS 系统的安全分为 3 个部分：POS 设备的物理安全、用户的身份鉴别和信息在通信中的安全。

（1）POS设备的物理安全。

除POS设备本身的物理安全外，还包括防止外界对POS设备的物理攻击的安全。POS设备的物理安全主要体现在其物理封装是否坚固耐用，是否能够承受相应的碰击并且正常运转不致损坏，是否够承受一定程度的化学、电气、静电和自然的损害。在实际使用中，通常是指承受高压、低压的能力，不至由此毁坏设备或外围电路。

（2）用户的身份鉴别。

POS系统中的用户一般分为操作POS设备的操作员和持卡人，因此用户身份鉴别就包括操作员和持卡人的身份鉴别。在处理POS交易前，要识别持卡人的身份，防止他人盗用合法持卡人名义进行非法的POS交易，以保护消费数据的完整性和保密性；同时还应当检查操作员的权限，防止无权限操作；并且要确定在使用POS设备时，周边的环境是否安全。

（3）信息在通信中的安全。

POS系统的通信安全与保密和用户身份鉴别一样重要，甚至更加重要。因为在POS系统的交易过程中，任何交易都需与银行主机进行通信，相当于银行的一台终端，互相交换POS用户和持卡人的信息。通信信息若被轻易地监听、截取、篡改，用户身份的安全也就荡然无存，所以通信中的安全与保密工作是POS安全特性中极其重要的一面。一般来说，在通信中对信息截获、更改的方法、手段一般有以下几种。

➢ 修改、删除或添加信息的内容。

➢ 改变信息的源点或目标点。

➢ 篡改系统返回的信息。

➢ 重发曾经发送过的或存储的信息。

➢ 改变信息元的顺序。

三、POS系统交易安全技术

随着市场经济的发展，面临信息技术的挑战，每个经营者都想提高商品流通效率，降低经营成本，发挥规模整合效应，消费者对商品的需求日益多元化。因而商品种类呈现出多样化、商品经营方式更是连锁化和规模化，以及商品交易行为过程中信息数据化。为了满足消费者的需求，应合理处理信息数据，把握市场动态。消费者在日常购物的时候，越来越多地直接使用银行卡消费，各大银行的银行卡通过银联的联网优化了用卡环境，同时也极大地调动了持卡人用卡的积极性。然而随着银联卡在中小城市的不断普及，新问题也随之出现了，安全性和保密性越来越受到关注。目前，各商业银行及银联正在加大力度全方位改善用卡环境。

针对上一节提到POS安全的3大问题，可以采取以下对策解决。

1. 保障POS的物理安全

在防止外来的对POS的物理攻击中，POS硬件应具备以下条件。

（1）采用带硬件DES加密的密码键盘（Pinpad）保存银行的主密钥（Master Key），使之不可访问，任何企图打开后盖的行为都将导致CPU自毁，从而使密钥更加安全。密码键盘和POS的键盘相分离，使安全和操作分开，更符合安全管理的规范。

（2）内部安装监控程序，防止对处理器/存储器数据总线和地址总线截听，防止非法对存储器的内容进行直接分析。

（3）采用存储器芯片外部涂上特殊材料，防止化学材料、射线、辐射等异常情况发生而修改或毁坏存储器的内容。

2. 保障用户的身份安全

（1）保障操作人员身份安全。操作人员要执行严格的等级分配制度，什么的等级对应分配相应的权限，出现问题，有据可依，有人可查，只有把职责和分工分配好，保障操作人员的身份安全。

（2）保障持卡人身份安全。持卡人在刷卡的过程中，要观察好刷卡周边环境是否安全，如果遇到非安全环境，应该停止刷卡行为；另外，持卡人要保管好银行卡或者信用卡和卡密码，万一遗失了卡，也不至于丢失密码，而导致钱款损失。

3. 保障信息在通信传输中的安全

从 POS 系统的安全考虑，要保证 POS 与主机通信中数据交换过程的有效性和合法性。具体而言，即保证信息交换过程中的数据完整性、真实性、可用性和保密性。

（1）完整性。数据未经授权不能进行改变的特性。即信息在存储或传输过程中保持不被修改、不被破坏和丢失的特性。

（2）真实性。保证特约商户提供的数据是真实的。

（3）可用性。可被授权实体访问并按需求使用的特性，即当需要时能否存取所需网络安全解决措施的信息。例如，网络环境下拒绝服务、破坏网络和有关系统的正常运行等都属于对可用性的攻击。

（4）保密性。信息不泄露给非授权用户、实体或过程，或供其利用的特性。

任务四　指纹银行

一、外挂式指纹银行流程

1. 指纹银行简介

指纹银行（Fingerprint Bank）有广义与狭义之分。

广义的指纹银行是不用银行卡、存折，也不需要密码，仅凭自己的指纹或者面部扫描，就可以在银行的自助机上轻松完成缴费、转账等金融业务。

狭义的指纹银行是利用先进的指纹识别技术，代替原有的卡、折等金融支付载体，银行客户只需利用手指，便可进行银行业务操作。不用带存折和银行卡，也不用担心密码丢失，只需在指纹终端机上按一下手指，就可以办理缴费、买电话卡、转账等业务。

2. 指纹银行的工作流程

与自助银行的支付方式相比，指纹银行的支付方式只是支付使用的对象发生了改变，其他流程大致相同。

基于指纹识别技术的银行柜员机的内控管理系统主要有两种：外挂式系统和嵌入式系统。

3．外挂式指纹银行流程

外挂式指纹柜员管理系统的核心内容是将用户输入的指纹信息进行比对，指纹验证成功后，指纹仪将用户信息模拟成刷卡机的信号，将数据返回给业务系统；指纹验证失败后，指纹仪模拟刷卡识别信号。其工作流程如图 6-11 所示。

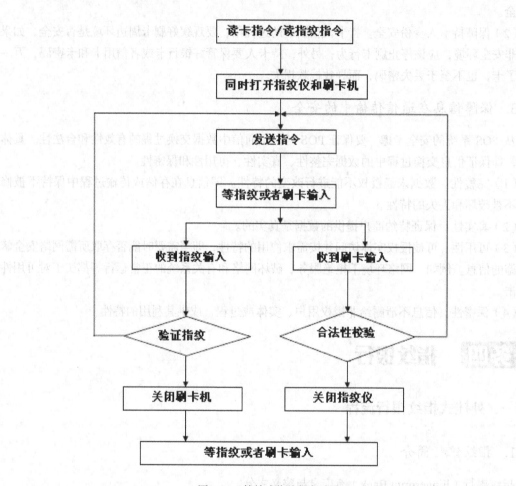

图 6-11　外挂式指纹银行流程

（1）读卡指令/读指纹指令。用户将指纹输入到指纹采集仪器。要保证指纹的采集图像正确无误。

（2）同时打开指纹仪和刷卡机。用户在刷指纹的同时，指纹仪和刷卡机同时工作，指纹仪负责验证指纹的正确性，刷卡机负责与收单银行进行数据传输。

（3）发送指令。指纹仪与刷卡机接收到用户的指纹后，向刷卡收单银行发送指令。

（4）POS 设备、指纹设备分别与收单银行进行验证。首先是 POS 设备验证银行卡的合法性，如果合法，则通过指纹设备输入指纹；如不合法，返回第二步。当 POS 设备验证通过时，要求指纹设备验证指纹的合法性：合法，通过验证，发送数据；否则，返回第二步。

（5）关闭指纹仪和刷卡机，完成操作。

二、内嵌式指纹银行流程

外挂式指纹柜员管理系统的核心内容是将用户输入的指纹信息进行比对，指纹验证成功后，指纹仪将用户信息模拟成刷卡机的信号，将数据返回给业务系统。指纹验证失败后，指纹仪模拟刷卡识别信号。

嵌入式系统提供更加完美的身份认证解决方案，与外挂式系统最大的区别在于指纹完全替代了在外挂式系统中基于密码、磁卡或 IC 卡与指纹同时存在的身份认证系统。在嵌入式系统中指纹认证作为第三方案认证服务器存在于业务系统中，后台主机针对身份认证方式进行程序修改，需要进行身份认证时与指纹服务器进行通信，提出验证指纹的请求，指纹服务器在收到验证请求后，进行指纹验证，指纹验证完毕后将验证信息（成功或失败）直接返回给后台主机。中间不再有密码、磁卡或 IC 卡信息的存在。它的特点是：安全性高，管理灵活，真正实现指纹技术和银行业务的有机结合；可以完全改变目前的身份认证方式；但需要对银行的服务器软件和业务软件进行修改。其工作流程如图 6-12 所示。

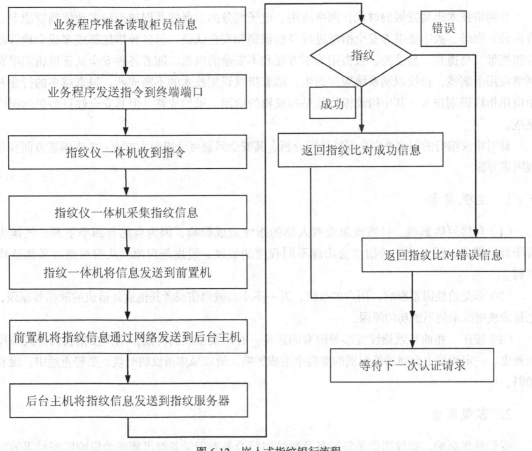

图 6-12　嵌入式指纹银行流程

（1）准备读取柜员信息。当用户在准备刷指纹之前，设备必须提前准备好业务程序，准备收集指纹。

（2）发送指令到终端端口。准备好收集指纹的业务程序后，发送收集指纹业务程序指令到终端端口，以完成端口的启动激活工作。

（3）指纹一体机收到指令。当终端端口成功激活后，指令就成功地被指纹一体机所接收。

（4）指纹一体机采集指纹。用户将指纹输入到指纹采集仪器。要保证指纹的采集图像正确无误。

（5）将指纹信息发送到前置机。指纹仪一体机成功采集用户指纹后，将指纹信息发送到前置机。

（6）前置机将指纹信息通过网络发送到后台主机。后台主机位于收单银行的终端，前置机是通过网络传输至后台主机的，以便于收单银行验证指纹信息。

（7）指纹服务器验证指纹。当后台服务器接收到指纹信息后，与后台服务器捆绑的指纹服务器需验证用户指纹的合法性。

（8）指纹比对。合法，通过验证，收单银行返回数据；非法，返回第四步，等待重新比对。

三、指纹银行的安全问题

在网络技术迅猛发展的时代，网络应用、电子商务的发展使我们越来越多地依赖智能卡、身份证、密码、数字证书等安全措施进行身份识别和安全认证。但各种措施都或多或少地伴随着需携带、易遗忘、易丢失、被盗用等不方便和不安全的因素。随着各种安全认证措施相继在网络应用上搁浅，指纹识别系统应运而生。随着指纹识别技术的不断成熟，越来越多的行业开始应用指纹识别技术，其中指纹银行就是很成熟的应用。虽然成熟，但其安全性目前仍然面临挑战。

针对指纹银行的国内外安全现状进行分析，其安全问题可分成两大方面：主观因素方面和客观因素方面。

1. 主观因素

（1）自然原因影响。自然现象会对人体的指纹造成影响，因为自然有四季更换，气候也有干燥、潮湿，所以用户的指纹会出现不同程度的皱纹、脱皮等现象，从而对指纹采集造成障碍。

（2）非受迫性因素影响。用户的指纹，万一不小心被划伤或者其他意外造成的缺指等原因，也是造成指纹采集不成功的原因。

（3）按压、扭曲导致指纹变形等因素的影响。在采集指纹的时候，用户按指纹的方式和按压程度，一定程度上会对指纹识别的准确率造成影响。所以采集指纹的时候，要轻重适中，没有倾斜。

2. 客观因素

受到外界影响，指纹图像采集设备及指纹银行业务办理设备都可能成为影响匹配结果的因素。和现在普遍使用的需要输入密码的自动柜员机（ATM）相同，指纹银行设备及软件系统也需要定期维护、经常保养，才能保障业务流程的顺畅和使用的便利。

四、指纹银行的安全技术保障

指纹银行的安全问题，应该采取以下做法。

（1）由于指纹的模糊、划伤、潮湿、蜕皮等问题不是用户刻意造成的，所以作为采集软件开发者，一定要不断改进核心技术，不断提高识别的准确率，以便于能适合各种条件下的指纹采集情况。

（2）采用多个指纹组合的方法。在做指纹库的时候，每人应该采集 3 个手指以上的指纹进行系统存储，当某一指纹出现以上问题的时候，还能使用其他手指的指纹办理各项业务，这样就大大提高了指纹的覆盖程度。

（3）多生物识别融合技术。在做信息库的时候，采用指纹与其他生物特征相结合的认证技术，如瞳孔，声音认证等。

（4）指纹识别与密码技术相结合。在输入指纹的同时，也要通过输入密码来确认验证的合法性。

（5）新一代指纹银行安全技术综合。与传统认证相比，银行指纹认证主要以"ID＋指纹"的方式进行认证。这种方式具有以下特点。

第一，它完全避开了键盘的认证方式，从而颠覆现有病毒的窃取方式。

第二，指纹是无法复制的人体智能认证模式。因此，指纹本身就是一种加密形式。

第三，由于指纹认证是图像对比模式，此对比是在指纹图像上提取若干个特征点完成的，算法也是一种加密形式。

第四，为了保证数据安全，在算法数据库与核心算法之间设置了对指纹数据的加密及解密程序（这种加密和解密完全在核心数据库内完成，没有对外工具或接口）。

第五，它也配置了用户通常接触的数字证书，防火墙，网络管理器等安全措施。

项目实训

实训一　用银行卡到商场进行 POS 刷卡购物

实训题目：在没带现金的情况下通过 POS 机进行刷卡购物

实训目的：学会利用银行卡进行非现金支付

实训内容、成果及步骤：

一、实训内容

1. 到任意银行柜台办理银行卡，然后持卡到超市或者购物中心购物。

2. 挑选好商品后，到柜台进行结算，并要求刷卡消费，进行输入密码，确认回单，签字等操作。

3. 保存好顾客联小票，以备查用。

二、实训成果

学生学会利用银行卡直接在商场或者超市消费，避免了外出带大量现金的问题。

三、实训步骤

步骤一：柜台办理银行卡（略）。

步骤二：挑选商品。

步骤三：成功进行刷卡消费，并且保留小票。

步骤四：撰写实训报告。

实训二　ATM 机存款、取款操作

实训题目：ATM 机存款、取款操作

实训目的：学会用自动柜员 ATM 机进行存款与取款操作

实训内容、成果及步骤：

一、实训内容

1. 到任意银行柜台办理银行卡，然后持卡到银行内的 ATM 取款机进行存取款操作。

2. 到 ATM 机后按步骤插入银行卡，输入密码，存入 100 元人民币。

3. 到 ATM 机后按步骤插入银行卡，输入密码，将刚才存入的 100 元人民币取出。

4. 保存好存款单和取款单，以备查用。

二、实训成果

学生学会利用银行卡在 ATM 机存取现金，避免长途旅行时，带太多现金而造成危险。

三、实训步骤

步骤一：柜台办理银行卡（略）。

步骤二：持卡人自动"存款"。

（1）按自动柜员机的图示方向插入自己的银行卡。

（2）输入个人密码。

（3）用显示屏旁边的选择键，选择"存款"交易。

（4）按提示输入存款金额。

（5）将钞票放入柜员机的存款口内，等待柜员机处理。

（6）取下柜员机输出的存款回单。

（7）取回个人的银行卡。

步骤三：持卡人自动取款。

（1）要将银行卡的磁条向下、有磁条的一边向右插入 ATM 机。

（2）如果屏幕上有一些提示的文字要按一下"确认"键才可以。

（3）输入卡密码。

（4）在屏幕上可以看到"查询"、"取款"、"转账"、"退卡"等，选择相对应的按键。

（5）按下"取款"之后，要输入取款的金额，输入金额之后按"确认"键。

（6）这时眼睛一定要盯着"出钞口"，出钞后的 2～5 秒，如果无人取钞 ATM 会把钞票吞回。

取款时一定要清点，发现有可疑的纸币就把纸币冠字编号对准 ATM 的摄像头多停留几秒之后慢慢来回地移动。这样可以让摄像头录制到一个最佳的图像，然后拿纸币去银行鉴别，如果是假币就投诉。如果事后才发现，那就没有办法了。

（7）取款之后可以再取款也可以查询。

步骤四：成功进行存取款后，保留单据。

步骤五：撰写实训报告。

实训报告

实训 内容							
实训 时间		指导教师		班级		姓名	

实训要点：

实训内容：

实训成果：

问题和收获：

实训完成情况：

指导教师签名：
日　　期：

实训评价

姓名：_____　　　　评价日期：_____　　　　小组评价人：_____

评价方式	比例	评价内容	分值	得分
个人评价	15%	对学习任务的兴趣	5	
		利用所学知识解决操作中遇到的问题的能力	10	
小组评价	35%	课堂纪律和学习表现	15	
		能与小组成员互帮互助，互问互答	20	
教师评价	50%	成功完成实验操作	15	
		实训报告内容填写无误	10	
		实训报告内容翔实，反映所学知识	15	
		实训态度和认真程度	10	
		总分		
总评				

案例分析

案例分析一

警惕 ATM 机旁的调包骗术

一天，秦先生在 ATM 上取钱。当他刚操作完成，正准备按退卡键时，背上忽然被人猛拍了一下，回头一看，一男子嘴里嘀咕着"要取款就快点，我急用钱呢"。秦先生正想着这人怎么这么凶呢，回过头来，发现 ATM 插卡口已露出一截银行卡。秦先生取了卡离开。可还没走两步，他发现，"催着"取钱的男子并没有取钱，而是消失在了路的拐角处。秦先生觉得有些不对劲，下意识地回到 ATM 上查询余额，结果发现卡已被调包。秦先生顿悟，卡被调包了！他立即拦车去追并报警。在警方的帮助下，不法分子及另外两名同伙束手就擒。

1. 案例功能

（1）学生能正确使用 ATM 交易系统。

（2）学生能分析现在针对 ATM 系统存在的诈骗手段。

2. 案例任务

谈谈对 ATM 欺诈的看法，并讨论个人应如何加强对自身安全的保护。

案例分析二

避开自助银行的"门禁陷阱"

吴先生某晚来到一家自助银行取款，当他刷卡进入门禁系统（玻璃门）时，玻璃门却没有反应。疑惑中，吴先生发现门禁上多了个密码键盘。"往常进入门禁是不需要输入密码的，难道门禁系统升级了？"吴先生又仔细看了一下门禁的读卡器，发现读卡磁道与平时不同，下方还有一个很小的看似探头的装置。吴先生立刻警惕起来，停止了操作。

1．案例功能

（1）学生能正确使用自助银行门禁系统。

（2）学生深入理解自助银行门禁系统的功能。

（3）学生能分析现在自助银行门禁系统存在的问题。

2．案例任务

谈谈对自助银行门禁陷阱的看法，并讨论个人应如何加强对自身安全的保护。

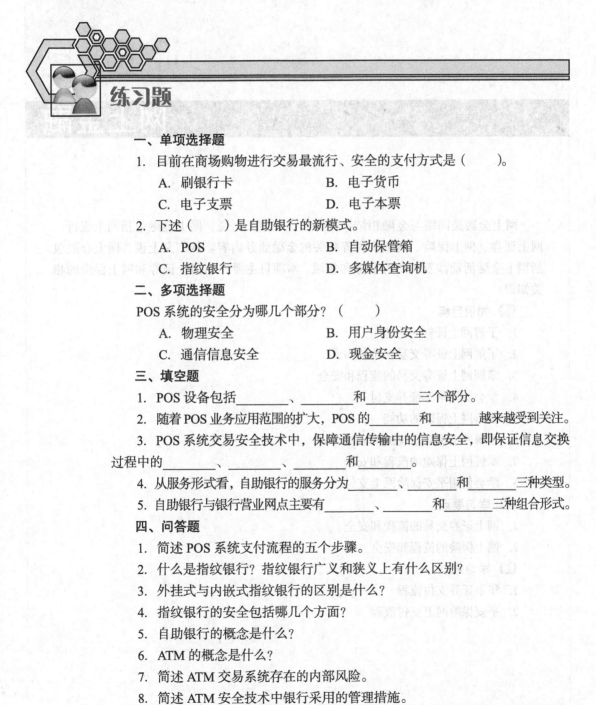

练习题

一、单项选择题

1．目前在商场购物进行交易最流行、安全的支付方式是（　　　）。

A．刷银行卡　　　　　　　　B．电子货币

C．电子支票　　　　　　　　D．电子本票

2．下述（　　　）是自助银行的新模式。

A．POS　　　　　　　　　　B．自动保管箱

C．指纹银行　　　　　　　　D．多媒体查询机

二、多项选择题

POS 系统的安全分为哪几个部分？（　　　）

A．物理安全　　　　　　　　B．用户身份安全

C．通信信息安全　　　　　　D．现金安全

三、填空题

1．POS 设备包括_____、_____和_____三个部分。

2．随着 POS 业务应用范围的扩大，POS 的_____和_____越来越受到关注。

3．POS 系统交易安全技术中，保障通信传输中的信息安全，即保证信息交换过程中的_____、_____、_____和_____。

4．从服务形式看，自助银行的服务分为_____、_____和_____三种类型。

5．自助银行与银行营业网点主要有_____、_____和_____三种组合形式。

四、问答题

1．简述 POS 系统支付流程的五个步骤。

2．什么是指纹银行？指纹银行广义和狭义上有什么区别？

3．外挂式与内嵌式指纹银行的区别是什么？

4．指纹银行的安全包括哪几个方面？

5．自助银行的概念是什么？

6．ATM 的概念是什么？

7．简述 ATM 交易系统存在的内部风险。

8．简述 ATM 安全技术中银行采用的管理措施。

项目七

网上金融

网上金融是网络与金融相结合的产物，从狭义上说，网上金融包括网上银行、网上证券、网上保险、网上支付等相关的金融业务内容。从广义上说，网上金融包括网上金融活动涉及的所有业务和领域。本项目主要介绍网上证券和网上保险的相关知识。

📖 **知识目标**

1. 了解网上证券的功能
2. 了解网上证券交易系统的构成
3. 掌握网上证券交易的流程和安全
4. 学会使用华泰证券支付
5. 了解网上保险的功能
6. 了解网上保险系统的构成
7. 掌握网上保险的流程和安全
8. 学会使用平安保险网上支付

📖 **学习要点**

1. 网上证券交易的流程和安全
2. 网上保险的流程和安全

📖 **学习难点**

1. 华泰证券支付流程
2. 平安保险网上支付流程

任务一　网上证券

一、网上证券的功能

1. 网上证券交易

证券，是指载有一定金额的、代表财产所有权或债权的一种凭证。一般包括股票和债券。

股票是股份有限公司向社会公开发行的、证明持有人在公司投资入股并据以取得一定收益的所有权凭证，是能够给投资者带来一定权利和义务的有价证券。

股票的持有者即为公司的股东，股东可以凭股票向股份公司领取股息和分得红利，公司解散时可以分取公司剩余财产。

股票具有所有权性、流通性、风险性和投机性四个性质。

债券，是作为债务人的社会各类经济主体，为筹集资金而按照法定程序向社会公开发行的，并约定在一定期限内还本付息的借款凭证。

债券是反映债权、债务关系的书面证明，对于购买债券的投资人来说，他只是债权享有者，而不是所有权的享有者。

网上证券交易，就是通过互联网进行有价证券的发行和买卖。

网上交易与传统交易方式相比有明显的比较优势。首先，网上交易打破了空间限制，交易可以随时随地进行。对于券商，只要拥有良好的资信和品牌，其顾客可以来自"五湖四海"，不再受地域的局限。其次，网上交易降低了各种成本，投资者足不出户就可以办理所需事项，减少了各种费用支出。就券商而言，可以减少营业部的投资和成本，如对房租、计算机、装修和人员的有形投入。最后，高速、便捷也是网上交易的另一特色。有关调研结果表明，在网上使用计算机自助下单，委托信息可于2秒内到达营业部，一般不存在占线、断线问题。

2. 我国网上证券交易的发展现状

我国的网上证券交易起步并不太晚，但受客观因素的影响，券商开展网上交易比较慢。1997年3月，中国华融信托投资公司湛江营业部推出"视聆通"多媒体公众信息网网上交易系统，标志着中国证券网上交易的开始。到2003年年底，我国网上证券交易用户数量达到了527.84万户，网上证券交易用户的数量在总体交易用户的数量中所占的比例达到了7.4%～7.5%，网上交易量则达到9946.70亿元，已占证券交易总量的15.16%，网上证券交易逐渐成为一种不可缺少的交易形式。

目前，我国券商开展的网上业务主要是证券委托。我国《证券法》规定，依法核准上市交易的证券，采用公开集中竞价的方式，在交易所挂牌交易，这意味着网上委托同电话委托或其他形式的委托一样，不能利用互联网开展证券撮合或交易业务。基本的功能是将投资者的指令传达到营业部，营业部再将指令传送到交易所进行集中交易。因此，与国外的网上证券交易相比，国内的网上证券交易还仅仅是提供了一种更快捷的委托交易方式。此外，由于各种条件的制约，大部分营业部的用户还较少，客户的范围也有一定的局限，交易额比例偏小，我国网上证券交易开户数主要集中在华南、华中、华东等地区。网上证券交易的开展还不是很普遍。

2000 年 4 月 14 日，中国证监会发布了《网上证券委托管理暂行办法》，该办法对券商如何开展网上证券委托交易业务提供了一个明确的指南，从技术标准和管理规范两方面制定了严格的措施。

（1）技术标准。

网上委托系统应有完善的系统安全、数据备份和故障恢复手段。网上委托的投资者的所有资料与网上委托系统进行技术隔离。在技术和管理上要确保客户交易数据的安全、完整与准确；要有实时监控和防范非法访问的功能和设施；必须对网上委托的客户信息、交易指令及其他敏感信息进行可靠的加密；有关数据传输、身份识别的关键技术产品要通过国家权威机构的安全性测评等。

（2）管理规范。

证券公司以外的其他机构不得开展或变相开展网上委托业务，达到《证券交易机构营业部信息系统技术管理规范》要求的营业部才可开展网上委托业务。证券公司应制定专门的业务工作程序，规范网上委托，并与客户本人签订专门的书面协议，协议应明确双方的法律责任，并以《风险揭示书》的形式，向投资者解释相关风险。证券公司应定期向客户提供书面对账单，禁止直接向客户提供计算机网络及电话形式的资金划拨服务，禁止开展网上证券转托管业务等。

上述规定从技术和业务两个方面，为网上委托的风险控制提供了有力的保障，解除了网上交易方式的心理障碍，有效地促进了我国网上证券交易的发展。

二、网上证券交易系统的构成

1. 网上证券交易模式

证券公司一般通过网站的方式开展网上证券交易。

例如，齐鲁证券公司网站主界面如图 7-1 所示。

券商除了自建和收购网站以外，还可以通过指定、租用甚至参股其他网站的方式开展网上交易。普通网站可以向证监会申请证券经纪和交易资格，或吸收券商入股进行合资经营。券商拥有资金和专业性两大优势，成熟网站在品牌、信息量、人才结构及潜在的网上客户资源等方面具有优势，二者具有很强的互补性。目前，已有许多成功经验，如广东证券收购"盛润网络"等。

2. 网上证券交易系统

网上证券交易在买卖委托、交易撮合，到买卖成交、清算交割、行情显示等方面，均实现了计算机自动化，使证券交易瞬间完成，极大地提高了证券交易的效率。而以上诸多网上交易功能的实现，都是通过网上证券交易来完成的。

网上证券交易系统是根据证券交易的基本规程，结合计算机网络系统的特点，采用现代化管理技术，向客户提供网上证券买卖业务的计算机网络应用系统。该系统包括网上资金管理、网上证券管理、网上报盘管理、网上清算交割、网上数据管理、网上信息咨询，以及网上安全保障等优质服务功能。

网上证券交易系统能正确、完整、及时地收集、加工、处理证券交易市场的各类信息。

网上证券交易系统一般包括如下几个子系统。

（1）客户委托子系统。

客户委托是由客户自己操作或操作员代操作的委托处理系统。它接受客户委托，委托内容包括证券名称、买卖类别、买卖价格、委托数量等信息。在输入价格时，系统向客户显示证券的最近成交价、最近买卖申报价和最高最低价供客户参考，并对购买证券数额、报盘的限价要求进行判别。在对客户委托的合法性（即合规性）进行检查后形成一条委托记录传给报盘台。若买入证券，要冻结该客户相应的资金；若卖出证券，则冻结该客户相应数量的证券。在资金或证券不够的情况下，系统判为买空或卖空。若客户提出撤单要求，即试图撤销指定的委托单，撤单（部分）成功，则将已撤掉部分的资金或证券由系统立即自行解冻。

图 7-1 齐鲁证券网站

（2）资金管理子系统。

该子系统实现对客户资金账号的管理及客户资金的管理。资金账号管理包括账户的开户、销户及冻结、挂失、清密等各种处理。资金管理包括保证金存取、冲账、利息结算等处理。

（3）证券管理子系统。

该系统包括证券账号管理及客户各类证券的托管。账号管理包括开户、销户及挂失、更新等处理。证券管理包括证券的转入、转出、清理及分红、派息、权证管理。

（4）信息咨询子系统。

该系统主要提供给客户证券交易、行情分析、市场信息等方面的服务，具体包括以下内容。

① 报价显示。可以按顺序或自选方式显示报价，并以尽可能快的速度自动刷新显示股票报价资料。

② 即时分析。显示分析当前个股或大盘指数分时走势图，并可进行买卖指标、量比指标、对比指标等技术指标曲线分析，系统支持多窗口显示。

③ 技术分析。主要有 K 线（分析周期从 5 分钟到月线等）、OX 图、量价线、收盘线、柱线图等，并能存储这些数据。附图有 KD 线、乖离率、MACD、KDJ、强弱指标、威廉指标、动量指标、OBV 等行情技术分析指标。主图还有成交量、移动平均线等。

④ 综合资讯。包括可按涨幅、跌幅、资金流向等多种方式进行的个股排行和个股资料（即沪、深两市中所有上市公司介绍资料及分红、配股情况）。

⑤ 公告信息。系统可根据需要开设各项公告栏目供用户访问查看，如上交所、深交所信息、专家机构咨询信息、证券信息等。

（5）系统管理子系统。

该子系统主要提供给客户资金和证券的查询服务，包括客户资金、证券、委托历史资料及成交历史资料的查询，并即时打印买/卖成交报告书。

（6）报表管理子系统。

该子系统分为两部分：一部分是前台实时报表管理，包括资金、证券两类，只处理当日实时报表；另一部分是后台报表管理，包括日终处理后的各类报表，并增加各报表的历史查询打印、管理分析等内容。

（7）报盘管理子系统。

该子系统主要处理客户委托单的申报。它把客户的一张张委托单在报盘机屏幕及打印机上按照"三公"原则逐一处理打印，并生成相应的记录，同时将交易所传回的成交记录录入系统的成交库，进行实时回报显示。

（8）即时处理子系统。

该子系统对客户委托进行实时处理，以便客户能得到最及时的交易服务。当客户证券卖出成交返回后，实时处理系统即时将资金增加到用户的账户上。当客户证券买入成交返回后，则即时将所需的资金从用户的账户中划出。当买入撤单成功后，对其资金进行解冻，使用户资金即时回笼，以便用户即时使用。

（9）日终处理子系统。

该子系统进行当日交易结束后的结算处理。其中包括收市处理、备份及数据库的清零等。收市处理是将交易所传回的成交回报库与当天的资金库、委托库、证券库进行成交配对，正确的成交记录存入成交库，错误的成交记录进行错误检查并做相应处理，最后计算各种费用。收市处理结束就进行日库、历史库及其他库的备份，并对当日数据库清零。

（10）系统维护子系统。

该子系统是这套管理软件的核心模块，它控制着整个系统的各个参数设置及上岗操作员的密码设置和权限分配，还包括系统各个数据库的维护，如重建索引等，以及证券派息、权证管理等。

（11）经理监管子系统。

该子系统实现对客户的资金和证券账目、客户交易情况及员工工作情况进行实时检索和查询，以便进行进一步的分析。

网上证券交易系统要配备的软件应包括网络技术支撑平台、数据库平台（包括柜台软件、证券交易管理软件、行情分析软件如钱龙软件等）、网上咨询服务平台、卫星通信平台。而硬件则应包括终端服务器、LED点阵大屏幕行情显示、磁卡小键盘委托、电话委托、自助委托、网络布局、服务器、工作站和不间断电源等。考虑到卫星接收机及其通信软件由证券交易所统一提供，柜台软件、证券交易管理软件和行情分析软件均已相当成熟，因此，系统设计的重点是网络结构布局和网络服务器、不间断电源、LED点阵大屏幕行情显示、磁卡小键盘委托、电话委托、自助委托等。

三、网上证券交易的流程

1. 网上证券交易的程序

（1）证券交易的一般程序。

证券交易的一般程序主要包括开户、委托、报价与竞价、清算与交割、过户。

① 开户。开户，就是投资者（包括自然人和法人）凭本人身份证或法人单位有效证明到证券交易所或交易所授权的其他证券经营机构办理股东账户手续（债券现货买卖不必开户，而期货买卖需要开户）。

② 委托。投资者办妥开户手续以后，就可以按照有关规定，到证券交易所的会员机构办理委托买卖手续，即缴纳保证金、填妥委托内容、委托方式、出价方式及委托有效期限。委托方式有当面委托、电话委托、网上交易。投资者委托股票买卖的出价方式有市价委托、限价委托和指定价委托。市价委托，即投资者要求证券商以当时的市场价格买进卖出股票；限价委托就是投资者要求证券商在自己限定的价格幅度内买卖股票；指定价委托，即投资者提出一个明确的委托价格，要求低于这个价格买入或高于这个价格卖出某种股票。目前我国多采用限价委托或指定价委托。委托有效期限，通常有当日交易、普通日交易、指定日交易三种。当日交易，指从投资者委托之时起，到当日交易所营业终了时间内有效，过期未成交委托即失效；普通日交易，也称五天有效交易，指从委托之日（含委托当日）起到第五个交易日，交易所营业终了的时间内有效；指定日交易，指委托双方约定在某一日之前交易有效。目前一般采用当日交易。

③ 报价与竞价。投资者与证券商达成委托协议后，便由证券商将投资者的委托内容通过电话或计算机输送到证券商驻交易所的场内交易员——"红马夹"，由"红马夹"进行报价与竞价，从而达成交易。出示价格的行为就是报价，报价的方式一般有口头报价、填单报价和计算机报价三种。口头报价就是以口头喊的形式出价，填单报价即通过填写买卖申报单出价，而计算机报价则是将买卖价格输入计算机终端显示价格。目前多采用计算机报价。竞价就是各种买卖价格相互配对的过程。"红马夹"将买卖价指令输入计算机终端，通过计算机联机系统传入交易将报价的计算机主机，由交易所计算机主机按"价格优先，时间优先"原则自动匹配交易，一旦成交，就向

双方发出信号，通知成交结果。

④ 清算与交割。清算就是证券买卖成交后，买入方支付款项，卖出方收取款项。场内证券商完成其代理证券交易的清算交割后，还需要办理与投资者之间的缴费清算手续。投资者与其证券经纪人之间的缴费清算主要包括证券买卖价款、证券交易佣金、证券交易印花税和其他费用，此外还有证券的交割等内容。交割就是购买者取得股票的所有权和支配权，出售者取得款项，目前交易所实行实物交割制度，仅仅是在各自账户上交割。

⑤ 过户。股票买卖清算和交割以后，需进行过户，过户就是更换股票主人的姓名，也就是在各上市公司的股东名册上改变股东姓名，以确保其相应权利和义务的实现。这样股票就完成了过户交易。

（2）网上证券交易的程序。

在网络上进行证券交易，其程序和上述的交易步骤是一样的，也是经过开户、委托、成交、交割、过户等几个步骤，只不过实现交易的手段不同而已。这些工作都是在计算机和 Internet 上操作完成的。网上证券交易的操作程序如下。

① 登记开户。目前国外证券商已经能支持在 Internet 上进行开户，投资者将自己的计算机连接到券商站点后，即可直接在网上登记和开户，投资者将自己的社会保险号、信用卡号及授权用电子邮件通知该券商，在家中即可加入证券交易者的行列，而国内投资者还需要前往证券商指定的营业机构网点办理登记开户手续。不过，随着银行与券商合作的加强，投资者可以到与有关券商具有银证合作关系的银行营业机构办理登记开户手续。还有的券商（如海通证券）与邮政储蓄机构建立合作关系，投资者可以到邮政储蓄机构办理登记开户手续，邮储机构则通过邮政系统传递投资者的开户资料。

具体的开户流程是：投资者携带身份证件及深、沪两市股东账户卡，到指定的营业网点先填写《证券公司网上证券交易开户申请表》，然后由营业部工作人员向投资者出示《网上交易用户须知》、提醒投资者正确、全面地了解网上交易的风险，以及《网上证券买卖委托协议书》和《网上交易风险揭示书》，以明确了解双方的有关权利和义务等有关事项；在审核有关资料无误后，证券公司将与投资者签订《网上证券买卖委托书》，并为投资者开立资金账户；公司工作人员登记好投资者资料后，将向投资者发放个人数字证书和数字证书软盘，包括资金账号的初始密码和数字证书的初始密码。当以上手续办理完毕后，证券公司就会正式开通网上证券交易服务，投资者即可开始操作使用。

② 下单委托。Internet 通过 TCP/IP 协议将投资者的需求及买卖委托及时、准确地通过与证券交易所直接连接的网络系统传递给交易所的撮合子系统，并及时得到确认和成交回报。

③ 清算交割。投资者以电子邮件形式接收证券商发送的通知单，或者通过浏览器连到证券商的 WEB 主机上主动查询自己的交割和对账单。投资者也可以通过远程文件传输（FTP）的方式到证券商的非匿名 FTP 服务器上下载自己的成交回报。款项的收付则是在券商网上资金账户中直接进行，或者是在银证通资金账户进行电话或网上收付转账。

2. 网络证券投资的步骤

投资者在办妥网上证券交易的有关手续之后，便可以通过一系列的步骤来实现买卖证券，进行投资的目的。

（1）投资者应该研究掌握证券市场与投资的有关知识。

证券市场如同其他商战领域一样，是一个斗智斗勇的场所。证券行情的波动因素牵涉非常之广，涉及现代经济生活的每个角落。证券投资事务的内容自然也相当复杂，因而光了解网上证券交易的有关知识是远远不够的。投资者对证券市场运行和证券投资分析没有相当程度的了解，是不会获得成功的。投资者需要学习掌握的知识如下。

① 经济学、管理学、市场学、世界经济等经济分析学科，从而为全面、准确地对经济增长和公司经营等进行预测分析打好基础。

② 会计学和财务分析与管理，以便对公司经营进行定量的评估分析。

③ 社会学和心理学，投资者可用以分析证券市场运行和证券行情受社会因素和投资者心理的影响而变化的状况。

④ 金融学、证券学和投资学，以便准确分析证券行情从而正确地做出投资决策。

⑤ 数学和统计预测学，投资者可以用以精确地分析行情，计算收益与风险，确定投资计划。

⑥ 计算机软件应用，投资者需要利用证券投资分析软件进行证券市场数据处理和行情、收益、风险的评估。

⑦ 金融与证券法学，投资者需要注意在投资活动中避免违法行为。

⑧ Internet 方面的知识以及金融证券网站方面的有关信息与评价。

另外，投资者还应该通过有关证券网站或其他网站收集和整理各方面的有关材料。

（2）证券投资分析要根据全面、细致的信息资料进行分析从而得出准确的结论。

投资者需要搜集的信息材料包括以下方面。

① 宏观经济方面的信息资料，包括国民经济的宏、微观指标，产业发展的信息与调查分析资料，地区经济发展状况的信息资料，相关产品的市场供求情况及进出口贸易情况、财政金融状况的信息资料，国家有关经济、产业、贸易、财税、金融等方面的政策调整信息等。

② 公司经营方面的信息资料，包括公司章程，经营内容，经营策略，主要市场竞争环境及竞争能力，业务开发情况，公司管理层及内部组织效率，近期内重大的业务活动，近年来的财务资料以及股息分配、增资扩股情况等。

③ 证券市场方面的技术性资料，包括各种证券价格波动、交易量变化及价格指数和交易总量的变化等信息资料。

④ 金融证券网站及其他渠道提供的投资分析咨询与建议。

（3）投资者研究证券总体行情走势的变化规律。

投资者应研究分析证券总体行情变化的时间规律，即循环波动的特点，分析证券市场人气和投资者的心理变化规律，分析各种证券价值变化以及行情技术指标的变化规律，从而为利用基本分析和技术分析方法预测证券行情创造条件。

（4）投资者应根据自己的经济实力和目标需求确定投资方式和策略。

证券投资方式策略主要有以下几种。

① 长期（长线）投资策略，即进行持续一年以上或一个长期趋势的证券投资。

② 中期（中线）投资策略，即进行持续三个月至一年或一个中期趋势的证券投资。

③ 短线投资策略，即进行持续三个月以内或一个短期趋势的证券投资。

④ 一日交易策略，即进行二日之内或当日买卖的证券投资。

上述这些投资方式策略各有利弊。投资者在选择确定投资策略时，除了要考虑经济实力和目标需求外，还应考虑证券市场行情变化的特点以及自身的投资决策能力和心理素质。

（5）投资者选择确定投资对象、投资组合及买卖时机。

投资对象的选择确定主要依据对证券价值的基本分析、证券行情变化的特点以及投资方式策略来进行；对买卖时机则应根据证券行情的技术性预测分析和投资方式策略来把握。投资对象和买卖时机的确定是投资者进行投资操作的关键，它直接影响投资的效益。

（6）投资者确定投资对象和投资组合，实施投资计划。

在投资计划的实施中投资者还应考虑证券交易的方式、保护措施、买卖价值等内容。投资计划在实施的过程中应当根据证券市场的变化而谨慎、灵活地进行调整。

四、网上证券交易的安全

1. 网上证券交易的安全

① 结束交易时请"注销"登录。如果没有注销，他人可能冒名进行非法交易。此外，网络浏览器通常会记录最近访问过的站点，包括登录页面。

② 为保证交易资料、保证金和托管证券的安全，在离开所用计算机之前，应退出委托软件或关闭浏览器。

2. 网上证券交易存在的风险

网上证券委托交易尽管采取了有效措施来保护客户资料和交易活动的安全，但网上证券委托交易仍然存在下列风险。

① 互联网是全球性公共网络，并不由任何一个机构所控制，所以，数据在互联网上传输的安全是不完全确保的，互联网本身并不是一个完全安全可靠的网络环境。在互联网上传输的数据有可能被某些人、团体或机构通过某种渠道获得，并且能了解该数据的真实内容，从而使在互联网上交易的机构或投资者的身份有可能被泄露，甚至有被仿冒。

② 在互联网上的数据传输可能因通信繁忙出现延迟，或因线路、硬件变换设备系统和电信故障等其他原因出现中断、停顿或数据不完全甚至数据错误，从而使得网上交易延迟、停顿、中断或出现错误等。

③ 互联网上发布的证券交易行情信息可能滞后，与真实情况不完全一致。

④ 互联网上发布的各种证券信息，包括分析、预测性资料，可能出现差错。

五、华泰证券支付流程

1. 华泰证券的背景

华泰证券有限责任公司前身为江苏省证券公司，1990 年经中国人民银行批准设立，1991 年 5 月 26 日在南京正式开业，注册资本 1000 万元，经过 5 次增资扩股，目前华泰证券注册资本为 22 亿元。1999 年公司更名为华泰证券有限责任公司，是中国证监会首批批准的综合类券商之一。2005 年 3 月，经中国证券业协会从事相关创新活动证券公司评审委员会第四次会议评审通过，华泰证券获得创新试点资格。

华泰证券目前在全国拥有 34 家证券营业部，其中江苏省内 23 家，省外 11 家，省外营业部主要分布在国内经济发达地区或具有较大影响的大中城市。依托营业部设有证券服务部 15 个。有沪、深 A 股、B 股、债券、基金、代办股份转让等交易品种。可为投资者提供电话委托、磁卡委托、小键盘委托、钱龙自助委托、可视电话委托、网上委托（含页面委托）、STK 卡手机炒股、GPRS 手机炒股、固定电话"家家 E"证券短消息炒股等交易手段。目前，华泰证券与中国银行、中国工商银行和中国建设银行等银行开通了银证通业务，证券投资更加方便快捷。华泰证券网站主页如图 7-2 所示。

图 7-2　华泰证券网站主页

华泰证券在上海设有地区总部，在北京、深圳设有办事处，在全国大中城市设有近 50 个营业网点，在南京、上海、北京、深圳设有投资银行业务机构。十多年来，华泰证券始终保持稳定持续发展势头。据深圳证券交易所对全国 126 家证券公司经营指标排名，2004 年，华泰证券公司总资产位居第 8 位，净资产和净资本均位居第 3 位。经中国诚信证券评估有限公司按国际评级标准测评，华泰证券信用等级为 AA+级。

2. 华泰证券网站功能

华泰证券网共有 9 个一级栏目，35 个二级栏目，105 个三级栏目以及众多的底层内容栏目和功能操作栏目。可以通过网站首页导航进入所需要的具体栏目。一级栏目包括首页、我的主页、资讯中心、行情交易、在线交流、产品服务、华泰研究、移动证券、走进华泰。

（1）全面完善的服务体系。

华泰证券网站设立较早，是国内较有影响力的券商网站之一，在 2000 年由《证券时报》举办的"中国优秀财经证券商业网站"的评比中，列"十大优秀证券网站"第一位。它主要提供证券资讯、实时行情、实时市场评述、市场个股分析评论、宏观及行业公司研究报告、投资组合、专家在线实时指导、智能选股、我的组合、个股资料、法规资料、沙龙、专题及个股论坛、证券基础知识、模拟炒股、擂台、信息订阅、路演、交易软件下载等内容和功能。

华泰证券网站栏目分类清晰，功能齐全，便于访问和使用。财经资讯内容丰富，并注重自主资讯和研究内容的开发。在线交易方面也很有特色，项目多。除"专家门诊"栏目已成为网站的品牌栏目外，沙龙及个股论坛办得也比较好，还设有"专题论坛"，可根据需要随时开设热点话题进行交流，可随时解答用户在网上交易方面遇到的各种技术问题，方便了网上交易的用户。能够提供统一的、可见的服务，能充分保证客户的需求得到最快的响应、最大的满足。通过网站可以方便地与全国各地的客户交流，实现对客户群体进行细分，有针对性地推销投资方案、承销证券、新的业务品种，进行贴近式服务。对用户提供各种个性化的服务，提高客户的忠诚度。

（2）网上交易业务。

目前，华泰证券实现网上交易平台的建设，希望通过技术和服务创新，突破网点和营业面积的限制，扩大客户群体，为投资者提供更方便、高效的交易环境。

投资者通过华泰证券网进行网上证券交易。首先投资者应该持本人有效证件、证券账户卡到开户营业部柜台填写《网上交易开户申请书》《网上交易委托协议书》，经营业部交易员确认并输入电脑，就立即可以进行网上交易了。也可以在华泰证券网上进行开户预约，客户只需要输入真实姓名、身份证号、在营业部下拉菜单中选择营业部，输入电话、手机号任一种，并确定上门时间和上门服务地址，完成"发送"后，即可在 24 小时内得到华泰证券公司的开户预约服务，及时为客户办理网上证券交易所需的各种相关手续。

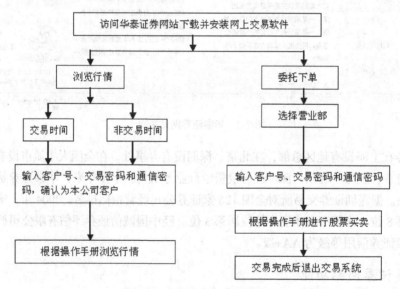

图 7-3 网上证券交易操作流程

任务二　网上保险

一、网上保险的功能

网上保险也叫保险电子商务，与网上银行一样，保险作为一种传统的金融服务，其经营活动也是仅仅涉及资金和信息的流动，而不会遭遇所谓物流配送的瓶颈问题。这正是保险、银行等金融服务业开展电子商务的先天优势。而与传统经营方式相比，网上保险还具有许多后天优势。

1. 网上保险的概念

所谓网上保险，是指保险公司或新型的网上保险中介机构以互联网和电子商务技术为工具来支持保险经营管理活动的经济行为。它包含两个层次的含义：从狭义上讲，网上保险是指保险公司或新型的网上保险中介机构通过互联网网站，为客户提供有关保险产品和服务的信息，并实现网上投保，直接完成保险产品和服务的销售，由银行将保险费划入保险公司；从广度上讲，网上保险还包括保险公司内部基于 Internet 技术的经营管理活动，以及在此基础上的保险公司之间、保险公司与公司股东、保险监管、税务、工商管理等机构之间的交易和信息交流活动。

2. 网上保险的特点

与保险公司传统的经营方式相比，网上保险具有许多优势和特点，主要体现在以下几个方面。

（1）扩大知名度，提升企业竞争力。

Internet 的主要特征就在于其信息传递和处理的快速性和共享性，以及信息传播的广阔性。利用 Internet 技术，保险公司可以在全球范围内介绍自己的公司，推销自己的产品和服务，有效抢占保险市场。

作为全球最大的保险及资产管理集团之一的法国安盛集团，首家公司于 1816 年在法国成立，通过多项收购合并活动，安盛已成为全球首屈一指的保险集团，业务网络覆盖全球五大洲逾 50 多个国家及地区，全球职员及保险代理人约 11 万名。安盛的主要业务为保险及资产管理。

安盛集团分别在巴黎证券交易所和纽约证券交易所上市，集团的数家公司也在其经营地上市，包括澳大利亚、新西兰、中国香港、纽约、法兰克福、伦敦、布鲁塞尔及都柏林。目前，这个集团约有 8%的新单业务是通过互联网来完成的。1999 年，安盛集团在上海设立了一家合资企业——金盛人寿保险有限公司，该公司于 2000 年也启动了自己的网站，这个网站的内容包括公司介绍、产品聊天室、代理人俱乐部、客户服务等。

一些久负盛名的保险公司也感受到了网上保险的市场压力，纷纷打算将其业务与 Internet 连接，认为如果不这样做，自己将面临没有生意可做的局面。美国的大型保险公司 ALLSTATE、STATE FARM 及英国的保险公司 PRUDENTIAL 都曾小心地避免在网上直接销售其产品服务。2000 年年初，ALLSTATE 宣布开始在网络上销售其个人保险服务。ALLSTATE 的做法显然证明保险公司还是认为顾客比它们的代理人更重要，此举带动了多家保险公司的跟进。

（2）快捷方便，不受时空限制。

通过 Internet 开展保险业务，保险公司只需要购买一定的网络设备，向网络服务供应商支付较为低廉的网络服务费，就可以一星期 7 天、一天 24 小时地在本地区、本国乃至全世界范围内进行经营，同时也可省去传统的保险代理人、保险经纪人等中介环节，直接与客户进行交易，还能大大缩短在投保、承保、保费收缴和保险金支付等保险业务流程上所花的时间。

另外，通过 Internet，保险公司还可以有效地与各种人群和组织产生联系，特别是传统保险中介人无法或不愿接触的客户，这样就能获取更多的业务，扩大保险覆盖面，规模经济效应将更加突出，从理论上更加符合保险经营的"大数法则"，更加有利于保险公司的经营稳定性。

（3）简化交易手续，降低经营成本。

长期以来，保险公司一直通过代理人和经纪人出售保险，而 20 年来的实践证明，这种经营模式是低效率的。以人寿保险为例，一个代理人一周只卖出一份保险。低生产率使经营成本高达保险费的 33%或更高。通过互联网销售保单具有大幅度降低经营成本的潜力。美国一家著名的管理和技术咨询公司 Booz Allen Hamilton 的一份研究报告指出："网络将导致整个保险价值链降低成本 60%以上，特别是在销售和客户服务领域更是会剧减。成本的降低加上便利和个性化的服务，将促使客户以电子方式来购买保险"。

电子商务的发展大大简化了商品和服务的交易手续，网上保险也是如此。一个典型的网上保险交易的情形是：被保险人只需通过键盘和鼠标就能轻松地访问保险公司的网站，了解保险公司提供的产品和服务，输入自己的购买意向，甚至还可通过网站提供的特定软件来设计最适合自己的投保方案，保险公司可以立即接收到这些信息并做出快速回应。这个过程节省了买卖双方进行联系和商谈的大量时间，可以免除传统保险经纪人和保险代理人的介入，提高了效率，降低了保险公司的销售成本。同时，由于管理费用的降低和佣金的免除，保险公司还可以通过降低保费来进一步吸引客户，客户也将从中受益。对于买卖双方来说，实在是一个双赢的局面。

（4）免除传统中介，为客户创造和提供更加高质量的服务。

网上保险拉近了保险公司与客户之间的距离，因为买卖双方通过 Internet 实现了直接的双向交流，可以不再需要第三方就能完成交易。

对于客户来说，通过主动游览保险公司的网页，足不出户就可以方便、快捷地获得从公司背景到险种安排等方面的详细信息；还可以在保险公司之间进行对比和选择，轻松做到货比三家，减少了投保的盲目性、局限性和随意性，实现投保的理性化。同时，投保人将告别信息残缺、选择单一以及被动无奈的传统保险服务，转而在多家公司及多种保险产品中实现多元化的比较和选择；从过去消极接受传统保险代理人的硬性推销，转变为根据自己的需求和自主的选择来实现自己的投保意愿，并可以轻松、方便地进行在线投保，实现即时成交，避免了与传统代理人打交道的烦恼和代理人可能存在的消费误导。

对于保险公司来说，通过亲切、生动的多媒体网页，能够详细地介绍保险知识，解答客户咨询的问题，为客户进行个性化的保单设计。更重要的是，通过 Internet，保险公司还可以及时地直接得到客户的需求信息和意见反馈，在相关技术的支持下，快速地做出调整，或推出新的险种和服务方式，提高服务质量，或进一步改善客户关系管理，提高客户的忠诚度。

（5）改善管理，提高企业经营效率。

先进、有效地经营管理是保险公司能够持续、快速、健康发展的"法宝"。随着 Internet 技术的发展和普及，这一现代信息技术对保险公司的内部经营管理方式将会产生深刻的影响，并大大提高企业经营效率。

3．网上保险的功能

（1）获取市场信息。

保险公司可以充分利用 Internet 方便、迅速、全面地收集各种市场信息，进行市场分析和市场预测，调整企业战略，在激烈的市场竞争中获取竞争优势。

（2）人力资源管理。

利用网络使企业内部的各个部门保持紧密的联系，通过 Internet 和 Intranet，保险公司可以方便、有效地制订人事计划，招聘和培训员工，进行员工绩效考评和薪资管理。在网上建立企业员工社区，使员工增加相互交流的机会，提高员工为企业发展献计献策的积极性。

（3）营销管理。

快捷性、开放性、广阔性俱佳的 Internet 实在是保险公司开展网络营销的"利器"。保险公司可以利用它快速、有效地宣传自己的企业，推销自己的产品和服务，支持定价策略，进行保户档案管理和广告管理等。

（4）财务管理。

由于有了 Internet 技术的支持，保险公司各种财务信息的来源将会更为及时、全面，保险公司可以有效地进行现金管理、资产管理、成本管理，及时做出获利能力分析和财务风险分析，为企业的经营管理提供更为有力的支持。

（5）投资管理。

保险资金的运用应符合安全性、效益性和流动性的"三性原则"。在市场竞争日趋激烈的当今社会，保险公司可以充分利用 Internet 收集瞬息万变的市场信息，从而保证投资决策的正确和投资结构的合理，提升企业的投资收益。

（6）偿付能力管理。

拥有足够的偿付能力是保险公司履行赔偿和给付职能的根本前提。因此，偿付能力管理被认为是保险公司经营管理的核心内容。偿付能力管理的内容主要包括各种准备金的管理、承保风险的控制等。利用 Internet 技术，保险公司可以动态地监控自己的偿付能力，同时，金融监管部门也可以借此更为有效地实施对保险公司偿付能力的监管，降低监管成本。

综上所述，与传统保险相比，网上保险具有简单、高效、低成本、易于管理的优势，无论对于传统保险公司，还是新型的网上保险中介，开展网上保险都将是保险企业今后通往成功，在激烈的市场竞争中立于不败之地的一条必由之路。

二、网上保险系统的构成

网上保险系统是指保险公司或网上保险中介机构通过互联网网站为客户提供有关保险产品和服务信息并实现网上投保的计算机软、硬件系统，一般指计算机软件。

常见的网上保险系统有：保险门户网站系统、代理人网上办公系统、车险理赔系统、保险经纪公司业务管理系统和保险公估公司业务管理系统等。

1. 保险门户网站系统

保网公司网站首页如图 7-4 所示。

在互联网时代，门户网站是保险公司信息发布的重要平台，能够为保险公司提供产品介绍、信息发布、人才招聘等各种服务。随着 Internet 的发展，许多保户希望坐在家里、办公室就能办理保险业务。同时保险公司也希望能够通过互联网为客户提供方便、快捷的服务，降低业务成本，提高市场占有率。本系统就是专门针对这种保险需求而研发的，实现客户与保险公司"双赢"的解决方案。

图 7-4 保网公司首页

多年来，各保险公司积累了保险行业门户网站和电子商务系统建设经验，设计开发了先进的保险门户网站系统。作为面向保险行业的网上应用系统，保险门户网站系统提供了强大的信息采编功能，保证网上信息的及时更新，最大限度地发挥网站的宣传作用。

保险门户网站系统一般针对保险公司的服务、销售并且为内部员工提供高价值的电子商务支持。其主要功能模块包括各险种在线销售、保险需求分析，销售、代理、中介在线支持等。

保险门户网站系统的功能如下。

（1）网上投保；

（2）网上出单；

（3）保险产品信息查询；

（4）保险新闻发布；

（5）保险论坛；

（6）会员服务。

2. 代理人网上办公系统

随着中国保险行业销售模式的不断扩充和完善，个人代理人销售模式在成为最主要业务方式的同时，如何实现模式本身的系统性管理，以及与其他销售模式的融合，成为保险企业亟待解决的问题之一。面向寿险公司的代理人，保网成功开发并推出了代理人网上办公系统。该系统利用最先进的互联网技术，由国际领先的一系列在线寿险营销工具模块构成，旨在利用互联网技术提升寿险业代理人整体服务水平与工作效率。

（1）获得准客户。

代理人可以拥有并使用具有独立二级域名的网上门店等网络工具，并能够进行个性化定制。这使得互联网成为一种新的客户来源渠道，帮助代理人轻松获取准客户。

（2）提高效率。

系统提供的保险超市、短信系统、在线专业信函、万能建议书系统、客户需求分析、保险贺卡等多项功能，可大大提高代理人在开展业务和客户服务方面的工作效率。

（3）提升形象。

网上个性化门店的建立及相应的基于互联网的辅助工具的使用，可以提升代理人在客户心目中的专业形象和可信度。

3. 车险理赔系统

车险理赔系统是保网公司将计算机网络技术、传统汽配商配件报价信息和保险理赔业务管理有机地结合在一起，服务于保险公司的专业保险远程定损系统，包括报案、勘察、定损、立案、核赔、内勤、系统管理等模块。

本系统采用 Internet 网络平台，解决了保险公司车险定损业务中现存的定损信息的传输问题、定损配件的定价以及实时定损问题，将保险公司定损中心、保险代理公司、保险公司定点修理厂用网络平台连接起来。实现远程定损、远程核损、配件报价标准化、定损人员调度自动化。

4. 保险经纪公司业务管理系统

"经纪通"是由保网公司拥有十余年保险管理、运营经验和大型应用软件开发经验的数位专家主持，通过对保险经纪机构核心业务运作潜心研究后，专为保险经纪公司度身定制的业务处理系统。它的出现弥补了保险经纪公司没有专门的业务处理系统的缺陷，填补了国内空白。"经纪通"自开发以来便以其先进的技术、稳定的性能、简单的操作和强大的功能赢得了广大客户的好评。

"经纪通 V5.0"涵盖保险经纪公司信息化建设的各方面，特别适合国内新兴的保险经纪公司进行业务管理与信息处理。

（1）系统功能如下。

① 具备保险经纪险种资料库、各行业信息、风险资料库。

② 客户管理。

③ 风险项目管理。

④ 保单处理。

⑤ 财务结算。

该系统清楚地记载了每个项目的实施过程，将各类资料记录入库，进行风险评估管理、建议书生成、保单处理、理赔查勘信息管理、分/合保业务处理、佣金计算、统计分析及生成各种报表，同时通过网上销售支持（包括经纪公司宣传、保险设计室、网上客服中心、保险资料库等），为客户提供及时、高效的全面服务。

（2）采用此系统，经纪公司可实现以下目标。

① 整合资源，创建优势。经纪公司的三项关键资源——业务来源（包括业务员）、客户和保险公司，通过该系统得到有机管理与整合，创建自身优势。

② 提高效率，降低成本。建立业务处理信息化平台，使业务流程标准化，尽量减少手工作业量，大大提高工作效率，降低人员成本。

③ 项目管理，团队协作。通过项目管理，共享技术和资料，提升整个团队协作能力。

④ 强化服务，发挥优势。为客户提供比保险公司更加体贴周到的售前售后服务，增强客户忠诚度，以便长久地留住客户。

⑤ 活动管理，提升业绩。通过对客户档案和业务员活动周志的记录和分析，对整个公司的销售过程进行全程监控。

⑥ 优化合作，创造效益。通过对保险公司和险种的毛利分析，争取保险公司的最优惠条件，突出发展有效益的险种。

三、网上保险的流程

1. 保险公司的基本业务流程

传统保险公司实施网上保险经营管理模式战略转移的关键点在于转变经营观念，充分利用信息技术，重新设计业务流程，调整组织结构，实现"以客户为中心"的市场拉动型的营销管理战略，才能真正发挥互联网络的信息平台优势，展现网上保险的市场潜力。

站在客户的角度来看，购买保险的决策一点都不简单，由于保单特点、服务质量和成本各不相同，整个过程相当花费时间和精力，而且每一步都有障碍。为了支持决策过程，承保人通常通过代理商来销售它们的产品，代理商从卖出的产品中收取佣金。

通常，代理商给承保人提供的价值有：收集名单，引导客户对保险的需求，提供个性化的服务，收集信息并处理申请单，评估索赔等内容。当他们熟悉并且能够销售众多险种时，代理商能够为客户提供的附加价值有：①为客户保险需求提供一站式服务；②为客户以合适的价格选择满足个人需求的、合适的产品和服务；③能够实现数据录入和档案存储的一站式服务；④能有效地处理申请单和购买活动。

因此，无论是开展网上保险还是传统保险，最关键的仍是基本的业务流程。通常，一个保险公司的基本业务流程是这样的。它不断地宣传自己的产品和服务；不断地收取由众多投保人（往往也是被保险人）缴纳的保险费，形成保险基金；当约定的保险事故不幸发生后，对被保险人进行保险金的赔偿和给付；由于保险事故发生和损失程度的不确定性，保险基金的形成与保险金赔偿和给付之间必然存在着一定的时间差和数量差，使得保险资金的运用成为可能。另外，在承保之前，为防止逆向选择行为，保险公司必须对保险标的实施核保。在承保之后，为防止道德风险，尽可能减少保险赔偿和给付的可能性，保险公司一般还要对保险标的采取积极的防灾防损工作。

保险公司的基本业务流程如图 7-5 所示。

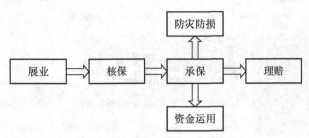

图 7-5　保险公司的基本业务流程

2. 网上保险的业务类型

目前，网上保险的基本业务内容可以大致分为以下几种。

（1）信息咨询业务。

咨询业务包含了一般性的信息、险种介绍和保单查询服务和保险公司形象和产品的宣传等。保险公司在互联网上开设网站，通过公司的主页突出具有本公司形象特点的总体视觉效果，在主页中包含公司的简介、机构名录、保险知识、险种介绍、服务之窗等内容的栏目，除宣传公司的形象外，还要尽可能详细地在网上介绍各险种的具体情况，使访问者可以随意浏览、多角度地查询产品，获得险种名称、特点、保险责任、费率及条款全文等不同程度的资料如图 7-6 所示。通过互联网加深与社会公众的沟通，这是开展网上保险的起点，也是我国保险企业走向国际化的环节之一。

（2）网上直销保单业务，即提供半自动化的网上保险服务。

保险公司组织专门机构和人员负责处理客户的网上咨询和投诉，使客户可以在网上得到个性化的投保方案，对客户在网上的投保申请迅速派人上门收取保费和签单，对通过网络促成的保单，保险公司可根据实际费用支出的减少，实行费率优惠的鼓励政策。图 7-7 所示为在网上填写报保信息的页面。

（3）在线投保业务。

即对客户在互联网上提出的投保意向，保险公司核保后通过互联网发出已填好的保险单，客户可以通过网上银行将保险费划拨到保险公司的账户上。承保过程完全通过网络来实现，客户足不出户就可得到全方位的保险服务。图 7-8 所示为在线投保流程。

3. 网上保险的业务处理

需要说明的是，目前网上保险并不能改变保险公司的展业、承保、核保、理赔等基本业务流程。由于信息技术的有力支持，所改变的只是这些基本业务流程的处理方式。

从信息技术的层面来看，保险公司的一个完整的网上保险系统是保险公司网站和其内联网（Intranet）的集成，如图 7-9 所示。它们发挥着保险公司业务流程的传导载体的作用。具体来说，由于信息交流效率的提高，许多原来由人工处理的业务将由通过网络连接起来的计算机自动完成。例如，通过精心设计的保险公司的网站，客户可以充分地了解保险公司的产品和服务的信息并做出投保决策；保险事故发生后，也可以直接通过网站向保险公司提出赔偿要求。

图7-6　泰康人寿公司主页

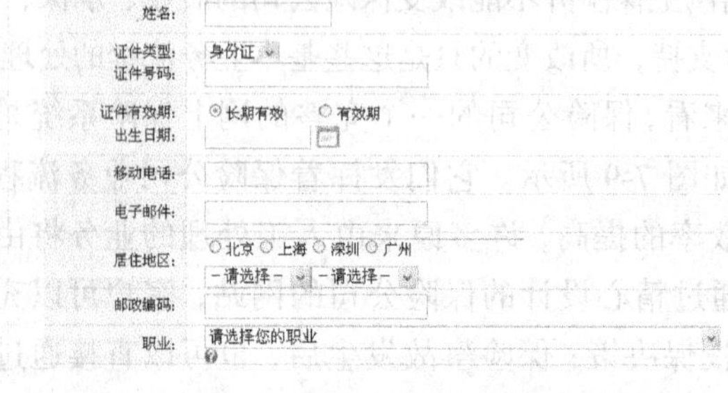

图7-7　泰康人寿客户填写投保信息的页面

图 7-8　泰康人寿在线投保流程

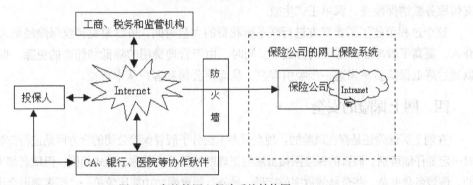

图 7-9　完整的网上保险系统结构图

现以 AAA Michigan 保险公司为例，说明一个较为完整的网上保险业务。它在网上开展的具体的保险业务，从报价、产品信息、网上交易到网上理赔等服务一应俱全。Michigan 的公司成员可以通过网络得到 AAA 公司通过汽车俱乐部保险协会（Auto Club Group Insurance Company）开展的业务及服务。客户可以得到最新的汽车险、家庭财产险、船舶险和寿险产品的信息。网站还详细介绍了保险单和条款。

顾客可以通过网上表格得到汽车险、家庭财产保险和船舶保险的报价。在交易环节中，客户可以通过安全交易系统付款，或者要求进行保单变更，包括地址、汽车状况或增加新驾驶员的变更。如果发生事故或丢失财产，客户可随时在网上提出索赔。

（1）得到报价。

在完成了一份表格后，客户可以得到 AAA Michigan 的会员保险公司为家庭财产保险、汽车或船舶保险给出的报价。保险产品很复杂，包含了许多信息。客户提供越多的信息，给出的报价就越准确。但请记住：这份报价是基于客户所提供的信息，只是同类保单的价格。最后的价格将由公司许可的代理人核实了所有必要的信息后来决定。

（2）产品信息。

网上实际上提供了许多不同的保险产品：汽车、家庭财产、流动家庭财产、摩托车、船主，及人寿保险说明。

（3）网上交易。

在网上交易，可以要求变更保单或选择交易选项决定付费方式。保单变更要求被重新审查以确定所有要求事项都已填好，公司会告诉客户何时进行交易。付费过程隔夜完成，将在第二个正常交易日的中午贷记到客户的账户上。

（4）网上理赔。

该服务提供一个理赔号码之后开始处理客户的索赔，或向客户提供有关索赔的信息。请注意，该服务只有通过 AAA Michigan 的联营保险公司承保的保单持有人才能得到。

AAA Michigan 保险公司提供的保险种类有：汽车保险、房主保险、流动家庭财产保险、船主保险、人寿保险，旅游保险、洪水保险、摩托车保险等。

由此可见，一个较为完整的网上保险销售流程是：客户通过网站提供的信息，或经过在线咨询来选择适合自己的险种；网站根据客户填写的基本信息或回答的问题进行保费的试算，推荐相应的保险公司或保险组合，客户也可以自行选择；客户详细填写投保单和其他表格，通过互联网要求客户确认并经正式的数字签名后，保险合同即告成立；与此同时，客户通过网上银行提供的支付服务缴纳保险费，保单正式生效。

这个过程节省了买卖双方进行联系所花费的大量时间，可以避免传统保险经纪人和代理人的介入，提高了效率，降低了销售成本。同时，由于管理费用的降低和佣金的免除，保险公司还可以通过降低保险费率来进一步吸引客户，从而使公司和客户从中获益。

四、网上保险的安全

在网上买保险还是存在风险的。现在很多不法分子假冒保险公司的官方网站进行诈骗，因此投保时一定要仔细辨别。假冒的保险网站虽然与正规网站显示的名称、版式相同，但域名却不是完全一样的。假域名会夹杂一些奇怪的数字或字母。另外，假冒网站功能比较单一，很多频道会出现无法打开的情况。所以首先确保网站的正规性非常重要，当你找到了正规网站之后，下一步则要看清保险条款。

我们需要在网站上仔细查阅产品介绍，包括具体的保险利益、保障责任、除外责任等。拿到保单后，着重看清条款中有关保险利益、除外责任、免赔天数（免赔比例）、观察期等特别重要的内容。不论是购买车险产品，还是购买寿险产品，都应该确定该保险产品符合自己的意愿和利益，再选择下单。

最后，网上投保成功后，会收到电子保单或纸质保单。在拿到保单之后，一定要检查保单的真假。消费者在收到保单后应该立即通过保险公司公告的服务电话和门户网站，查询保单是否真实有效。另外，还要查看是否有保单号、险种名称、保单生效时间、被保险人姓名及身份证号等关键内容，看清楚保险公司名称，查看保单印章是否清晰，是否印有该公司的客服电话和保单查询方式。

对一些价格低、期限短、保险责任较简单的品种可选择网上购买，但对健康险、投资类险种，由于其条款复杂，保费较高，应尽量在保险业务柜台办理。

五、平安保险网上支付流程

平安保险网上支付有信用卡支付、网银支付、第三方支付、电话支付、拉卡拉支付、信用卡分期支付五种形式。下面以网银支付为例介绍平安保险网上支付流程。

平安保险网银支付支持信用卡与借记卡网银支付，需开通网银；由银行特批额度，支持大额订单。

① 选择支付方式（如图 7-10 所示）。

图 7-10　选择支付方式

② 跳转至银行（如图 7-11 所示）。

图 7-11　跳转至银行

③ 使用交行太平洋卡支付（如图 7-12 所示）。

图 7-12　交行太平洋卡支付

④ 支付跳转（如图 7-13 所示）。

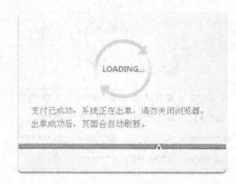

图 7-13　支付跳转

⑤ 支付成功（如图 7-14 所示）。

图 7-14　支付成功

⑥ 支付成功提示（如图 7-15 所示）。

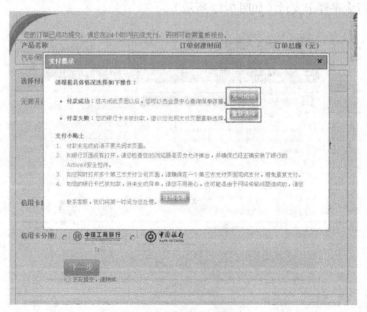

图 7-15　支付成功提示

项目实训

实训一 申银万国网上证券新手体验

实训题目：进入申银万国网上证券新手体验

实训目的：学会网上证券的基本操作

实训内容、成果及步骤：

一、实训内容

1. 申请申银万国证券的新手体验。

2. 按照要求保存好新手申请账号和密码进行体验，掌握网上证券交易全过程。

二、实训成果

1. 网上申请新手体验。

2. 运用新手体验账号和密码，了解、体验申银万国网上证券业务。

3. 结合体验，分析网上证券业务的优势。

4. 结合网上证券业务体验进行相关理财操作。

三、实训步骤

步骤一：登录 http://www.sywg.com/sywg/experience/index.html（如图 7-16 所示），并准备进行申请新手体验。

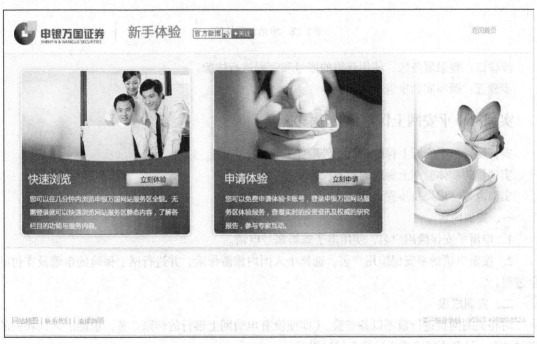

图 7-16 准备申请新手体验

步骤二：单击"立刻申请"按钮，申请新手体验，页面如图 7-17 所示。

步骤三：申请成功之后，获得账号及密码。

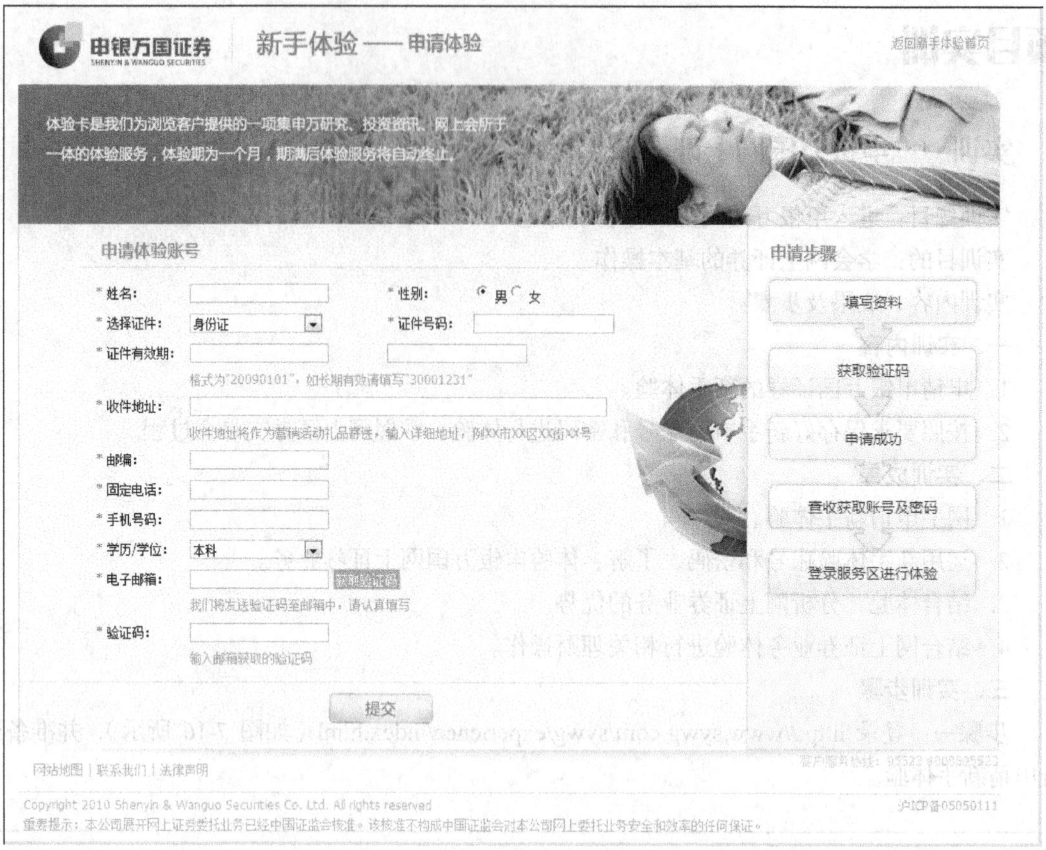

图 7-17　申请新手体验

步骤四：登录服务区，使用获得的账号和密码进行体验。

步骤五：撰写实训报告。

实训二　平安网上保险体验

实训题目：平安网上保险旅行意外险体验

实训目的：体验网上保险的基本操作

实训内容、成果及步骤：

一、实训内容

1. 申请平安保险用户名，使用电子邮箱账号申请。

2. 按新申请的平安保险用户名，选择个人国内旅游保险，并进行网上保险的申请及支付的全过程。

二、实训成果

对相关的网页进行截图以备查验。（即使没有申请网上银行的转账业务，也能进入到相关的支付页面，只是不能完成最后的支付过程。）

三、实训步骤

步骤一：登录平安保险网上保险主页 http://www.pingan.com（如图 7-18 所示），进行账号申请。

图 7-18　登录平安保险主页

步骤二：注册平安一账通（如图 7-19 所示）。

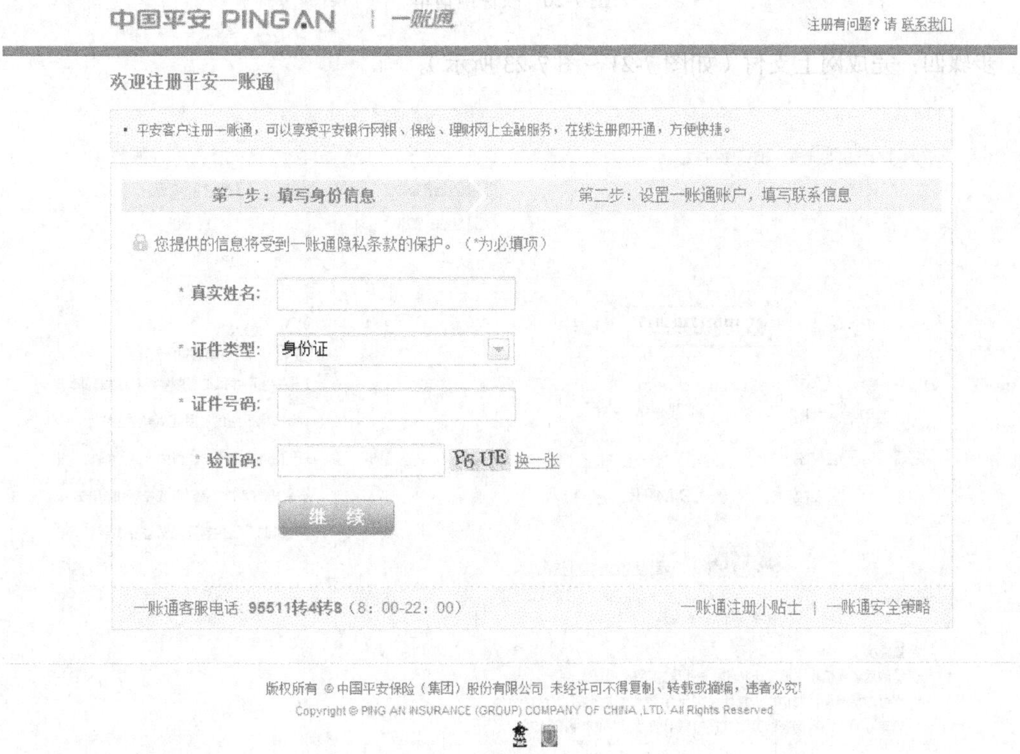

图 7-19　注册平安一账通

步骤三：完成注册之后，登录进入平安保险网上保险主页，选择国内旅行意外险，填写网上投保申请单（如图 7-20 所示）。

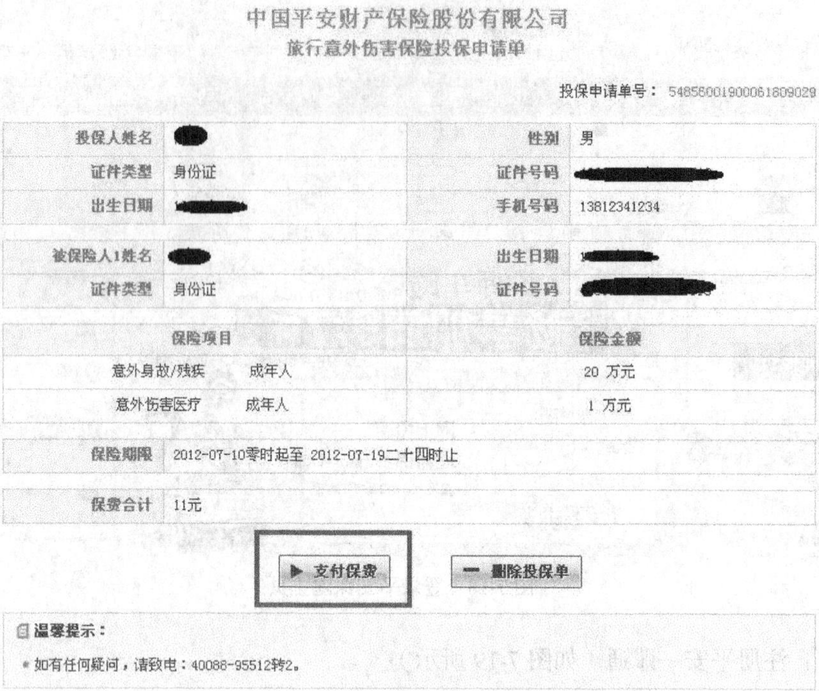

中国平安财产保险股份有限公司
旅行意外伤害保险投保申请单

投保申请单号： 548560019000061809029

投保人姓名	▇	性别	男
证件类型	身份证	证件号码	▇▇▇
出生日期	▇▇▇	手机号码	13812341234

被保险人1姓名	▇	出生日期	▇▇▇
证件类型	身份证	证件号码	▇▇▇

保险项目		保险金额
意外身故/残疾	成年人	20 万元
意外伤害医疗	成年人	1 万元

保险期限	2012-07-10零时起至 2012-07-19二十四时止

保费合计	11元

▶ 支付保费   — 删除投保单

温馨提示：

＊如有任何疑问，请致电：40088-95512转2。

图 7-20　投保申请单

步骤四：完成网上支付（如图 7-21～图 7-23 所示）。

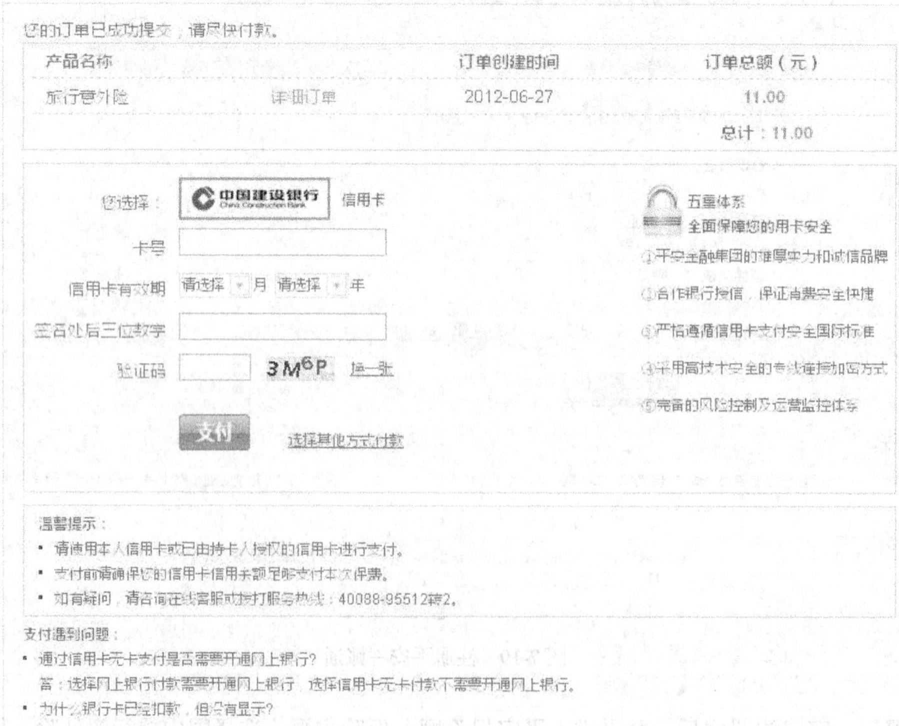

您的订单已成功提交，请尽快付款。

产品名称	订单创建时间	订单总额（元）
旅行意外险	详细订单　　2012-06-27	11.00
		总计：11.00

您选择　　[中国建设银行 China Construction Bank]　信用卡

卡号　　[　　　　　　]

信用卡有效期　请选择 ▼ 月 请选择 ▼ 年

卡背处后三位数字　[　　　　　　]

验证码　[　　　　]　3M6P　换一张

[支付]　选择其他方式付款

五重体系
全面保障您的用卡安全

①平安金融集团的雄厚实力和诚信品牌

②合作银行授信，甲证方费安全快捷

③严格遵循信用卡支付安全国际标准

④采用高技术安全的专线连接加密方式

⑤完善的风险控制及运营监控体系

温馨提示：

· 请使用本人信用卡或已由持卡人授权的信用卡进行支付。
· 支付前请确保您的信用卡信用余额足够支付本次保费。
· 如有疑问，请咨询在线客服或拨打服务热线：40088-95512转2。

支付遇到问题：

· 通过信用卡无卡支付是否需要开通网上银行？
　答：选择网上银行付款需要开通网上银行，选择信用卡无卡付款不需要开通网上银行。
· 为什么银行卡已经扣款，但没有显示？

图 7-21　选择支付方式

图 7-22　选择网银支付

图 7-23　完成支付

步骤五：撰写实训报告。

实训报告

实训 内容							
实训 时间		指导教师		班级		姓名	

实训要点：

实训内容：

实训成果：

问题和收获：

实训完成情况：

指导教师签名：

日　　　期：

实训评价

姓名：＿＿＿＿＿　　　　　评价日期：＿＿＿＿＿　　　　　小组评价人：＿＿＿＿＿

评价方式	比例	评价内容	分值	得分
个人评价	15%	对学习任务的兴趣	5	
		利用所学知识解决操作中遇到的问题的能力	10	
小组评价	35%	课堂纪律和学习表现	15	
		能与小组成员互帮互助，互问互答	20	
教师评价	50%	成功完成实验操作	15	
		实训报告内容填写无误	10	
		实训报告内容翔实，反映所学知识	15	
		实训态度和认真程度	10	
		总分		
总评				

案例分析

网上证券诈骗

广州股民 C 是 2007 年入市的新股民，入市后未赚反亏，心急如焚。今年年初他在网上看到了网址为 www.gp3333.com 的上海天成股票资讯有限公司的网页，网页上表示：加入该公司 VIP 会员每月提供 10 只"黑马"，获利 50%，2 月 29 日前入会享受买一个月送一个月的优惠，收费 3800 元，并每天免费送 2 只黑马验证。C 一下子就动了心。

网页显示，该公司全国免费热线 400-6756083，联系人为蒋先生，入会热线 021-51872068，提供工行、农行、建行的账号，其中农行卡号：6228481330567720412，收款人：徐少伟。

2 月 22 日，C 股民通过农行柜员机给徐少伟名下的农行卡汇去 3800 元，蒋先生确认收到，说 25 日（星期一）上班再联系。

25 日，蒋先生那里的"猫腻"开始来了：蒋打电话要 C 再汇 2 万元股票操作保密的保证金，以防止 C 向其他人泄露"黑马"秘密，并说保证金是 C 的财产，服务期满后将还给他。C 于是再从农行汇去 2 万元。然后蒋让他打 13524648555，跟公司经理联系。中午，一位自称董经理的人给 C 打来电话，说过两天有新股上市，为优惠公司会员，可帮他申请一个名额，参与操作，这样就可提前完成服务期，要他再交 5 万元作为公司利润提成。C 未答应。当晚咨询蒋先生，蒋说网上有说明。C 在该公司网页上看到有"代客进行小额理财，盈利后利润提成 30%"的说法。于是，26 日 C 又汇去 5 万元，然后满怀希望地等待着 27 日（星期三）的新股上市操作的通知。

结果等到 28 日，董经理打电话来，说公司已与上市公司签约，向上市公司注资 3 千万～4 千万元，下星期新股上市，利润可翻倍，已为 C 申请到了 15 万元的额度，要 C 再汇 8 万元，加上以前汇去的 7 万元，凑成 15 万元。董说，这项服务只让老会员参加的，只优惠了 3 名新会员，C 是其中之一，所以要保密。操作完成后扣除 5 万元提成和 2 万元保证金，盈利一次性汇入 C 账户，还可继续提供服务。

C 这时有些怀疑了，打电话给蒋，说不参加这个新股操作了，只按照原来的约定，参加一个月送一个月的提供"黑马"服务。蒋说，把钱汇入公司，是公司在帮你理财。这是难得的机会，只有公司与上市公司签约注资才能有此机会，并再次要求 C 保密。

29 日，蒋开始进一步施加压力，打电话给 C，说再不汇款，要在网上关掉他的会员资格。于是 C 又从农行的网上银行汇去 8 万。这时他才发现徐少伟的卡号不是上海的，打电话问蒋，说是公司的签约账户，在山东曲阜。

当天下午，董经理又打来电话，就今天是星期五，下班前公司要将钱款汇入那家签约的上市公司，还差部分钱，要 C 再汇 15 万元或 10 万元。C 说没有。董又改口说明天汇也可以，再去想办法。当时 C 卡上只有 5 万元，答应再汇 5 万元。此时 C 已是满腹狐疑，但还心怀侥幸，认为一家"公司"，一个"经理"，不会是诈骗。董不断给他打电话，说下班前公司一定要把钱汇入上市公司，催他赶快去汇款。于是 C 赶在 5 点下班前又汇去 5 万元。董打电话告诉他钱款收到，前后共计 203800 元，并要了他的详细地址，下星期会给他寄去合同和单据，说下星期一会再跟他联系，下星期五会将新股上市盈利汇入他的账号。

29 日晚上，C 上网，突然发现上海天成股票资讯有限公司的网页打不开了。从此后 C 天天打电话，不是说打错了就是无人接听或根本打不通。C 在网上查到其他受害股民的留言，说世纪之星股票研究所更名为上海天成股票资讯公司，继续诈骗，并曾使用过其他的免费热线。

近日，绝望中的 C 向上海证券监管部门进行了举报。据分析，这是一起比较典型的网络证券诈骗案。这类非法证券活动中的犯罪主体往往未经工商登记，无固定场所，犯罪成本极低且手法容易复制，虚假注册地在上海等金融中心城市，但犯罪人与受害人"两头在外"，给有关部门的监管和调查带来难度，破案成本较高。有关部门提醒投资者，从事证券期货投资必须买卖经国家有关部门核准的品种，必须通过合法的机构或渠道，需要进行咨询也必须去合法的机构。只有遵守法律法规，提高风险意识，坚决不参加各类非法证券期货活动，才能真正保护自己。

1．案例功能

（1）让学生正确认识网上证券业务存在的安全问题。

（2）让学生学会分辨真假信息。

2．案例任务

谈谈网上证券诈骗为什么能成功，你认为在网上证券交易中应如何避免危险？

练习题

一、名词解释

1．网上证券交易

2．网上保险

二、问答题

1. 网上证券交易的流程是什么？
2. 如何保障网上证券交易的安全？
3. 网上保险的业务流程是什么？顾客如何在网上办理保险业务？

[1] 尚建成，师静昆. 电子商务基础（第 2 版）. 北京：高等教育出版社，2010.

[2] 赵海千. 电子商务基础. 北京：中央广播电大出版社，2011.

[3] 陈晴光. 电子商务基础与应用. 北京：清华大学出版社，2010.

[4] 万守付. 电子商务基础（第 3 版）. 北京：人民邮电出版社，2010.

[5] 中国电信移动支付研究组. 走进移动支付：开启物联网时代的商务之门. 北京：电子工业出版社，2012.

[6] 杨坚争，杨立钒，赵雯. 电子商务安全与电子支付（第 2 版）. 北京：机械工业出版社，2011.

[7] 周虹. 电子支付与网络银行（第 2 版）. 北京：中国人民大学出版社，2011.

[8] 张劲松. 网上电子支付与结算. 北京：人民邮电出版社，2011.

[9] 周虹. 电子支付与结算. 北京：人民邮电出版社，2009.

[10] 李蔚田，杨雪，杨丽娜. 网络金融与电子支付. 北京：北京大学出版社，2009.

[11] 曹海生. 电子商务支付实验教程. 北京：清华大学出版社，2010.

[12] 秦成德，麻元元，赵青. 网络金融. 北京：电子工业出版社，2012.

[13] 张波，刘鹤. 电子商务安全（第 2 版）. 上海：华东理工大学出版社，2009.

[14] 唐德权，王六平，苗邯军. 电子商务安全. 武汉：华中科技大学出版社，2011.

[15] 梁永生. 电子商务安全技术. 大连：大连理工大学出版社，2008.

[16] 刘英卓. 电子商务安全与网上支付. 北京：电子工业出版社，2010.